花梨微语

——华东理工大学“小花梨”网络文化产品集萃

宋　来　主编

華東理工大學出版社
EAST CHINA UNIVERSITY OF SCIENCE AND TECHNOLOGY PRESS
·上海·

图书在版编目（CIP）数据

花梨微语：华东理工大学"小花梨"网络文化产品集萃/宋来主编. —上海：华东理工大学出版社，2021.4
ISBN 978-7-5628-6317-5

Ⅰ.①花… Ⅱ.①宋… Ⅲ.①散文集-中国-当代 ②诗集-中国-当代 Ⅳ.①I217.1

中国版本图书馆CIP数据核字（2021）第055646号

内 容 提 要

本书摘录了"小花梨"微信公众号自2013年创建以来所发布的优质作品，将主题分为"青春奋进""家国情怀""成长成才""华理那些事儿""榜样力量""诗与远方"，讲述华理学子热爱祖国、积极弘扬社会正能量的家国情怀，列举华理学子热爱校园、立德树人成才的优秀典型，重温华理学子走出国门、参与社会实践增长见识的重要时刻，展现校园生活中优秀卓越、充分体现榜样力量的风云人物，等等。本书所引作品中体现出的真情实感及包含的切实可行的经验，可以为更多新媒体从业者提供思路与技巧，共同推进网络育人工作的落地生根。

策划编辑 / 刘 军
责任编辑 / 王凯莉
装帧设计 / 徐 蓉
出版发行 / 华东理工大学出版社有限公司
地址：上海市梅陇路130号，200237
电话：021-64250306
网址：www.ecustpress.cn
邮箱：zongbianban@ecustpress.cn
印 刷 / 江苏凤凰数码印务有限公司
开 本 / 710 mm×1000 mm 1/16
印 张 / 14.25
字 数 / 194千字
版 次 / 2021年4月第1版
印 次 / 2021年4月第1次
定 价 / 68.00元

编委会名单

主　　编　宋　来

副 主 编　倪　炜　　侯　宇

编委会成员　魏　星　　王寅申　　胡　兵

赵洁琼　　包雷晶

前　言

华东理工大学（简称“华理”）“小花梨”新媒体工作室自2013年创立以来，在学校党委和上级团组织的领导下，紧密围绕立德树人的根本任务，坚持“互联网+”思想政治工作思维，围绕学校中心工作，坚持正确政治方向、舆论导向、价值取向，唱响网上主旋律，巩固壮大主流思想舆论。坚持以学生为中心，用青年喜闻乐见的形式将主流声音及时传递给青年学生，为学生提供体现时代精神的“营养大餐”。“小花梨”新媒体工作室是华理网络育人的重要阵地，也是团中央学校共青团优秀新媒体专业工作室、青春上海华东理工大学新媒体工作室和上海高校网络文化研究室·“小花梨”网络文化与舆情研究工作室。

近年来，“小花梨”新媒体工作室始终作为华理网络育人的重要阵地，勇于开拓创新，创作出很多质量高、传播广、影响大的新媒体作品，成为沪上高校较具特色和影响力的团属新媒体宣传矩阵之一。截至2020年10月，“小花梨”新媒体工作室运营的微信公众号“小花梨”共有关注人数5.662万人，发送推文2 600余篇，总阅读量破1 300万人次。其中，阅读量破万的文章共有60篇，单篇推送的阅读量最高达到18万人次，文章被转发分享超过30.823万人次，收获近8.4万个点赞。在“小花梨”推送的2 000余篇文章中，我们精心遴选了54篇优秀文章，网上阅读量累计100余万人次，现将优秀文章汇集成书。围绕习近平总书记在2018年全国教育大会上所提出的培养新时代青年要遵循的“六个下功夫”，本书将主题分为六篇：第一篇收录了华理学子热爱祖国、积极弘扬社会正能量的文章；第二篇收录了华理校园生活中崭露头角的学生代表、登上央视的“冬奥达人”等人物典型的事迹，讲述华理学子的家国情怀；第三篇列举了华理人对校园的热爱和立德树人、立志成才的优秀典型；第四篇重温了华理学子通过走出国门、参与社会实践增长见识的重要时刻；第五篇讲述了华理校园中充分体现榜样力量的风云人物的故事；第六篇收录了华理学子描绘心中诗与远方的故事。

总体而言，本书所含文章或情真意切，或引人共鸣，期望能够以切实可行的经验，为更多新媒体从业者提供思路与技巧。虽然本书文字水平还有待提高，但能展现出华理学子在成长道路上的思考和创新，以及主动亮剑、勇于探索的蓬勃朝气。

编　者

目　　录

第一篇　青春奋进

第二篇　家国情怀

第三篇　成长成才

第四篇　华理那些事儿

第五篇 榜样力量

第六篇 诗与远方

第一篇

青 春 奋 进

“勤奋求实，励志明德”是华理人始终不忘的校训。他们用校训规范自我，勤奋刻苦、求实奋进，再走长征路传承红色基因、单骑800千米归乡、携笔从戎立志保家卫国、从上海奔赴西部、利用假期投身社会实践等；他们用实际行动展现华理风采，传承华理精神，体现出青春正能量！

2016年10月25日，祝华理64周岁生日快乐，"小花梨"伴您走过1314

64年前，那是她第一次与世人相见。那时的她，亭亭玉立；那时的她，青涩中带着朝气。64年前，中华人民共和国第一所以化工特色闻名的院校——华东化工学院（后更名为"华东理工大学"）——宣告成立。从此，在时尚之都上海，多了一段华理人书写的传奇。那时，华理没有鳞次栉比的高楼，没有舒畅闲适的设施，只有青春河静静流淌的碧水和华理人一颗颗热忱的心。从参与研制中国第一支青霉素，到参与制定中国第一个科学发展规划；从参建中国第一座核电站，到研制红外增感染料（红外增感染料被用于我国第一部彩色电影《女篮五号》的拷贝和"1099"高空侦察机专用胶片的制作），华理人一直在辛勤耕耘，努力前进。我们记录、追忆、传递这些感动瞬间，并将继续发扬不尚虚夸、不事张扬、崇尚实干的精神品格，努力进取，不断超越。

60多年的时间可以磨灭记忆，模糊过往，但却改变不了华理人的初心。

2013年3月22日，又是一个特殊的日子，“小花梨”微信公众平台上线。大家的生活中又多了一个好帮手、好朋友、好伙伴。第一手的热点快讯，最实用的信息查询，最励志的校园故事，只要是你需要的，就是“小花梨”努力的方向；只要你倾听，“小花梨”愿为你讲述最动人的华理故事。不知不觉，来到了2016年10月25日，“小花梨”已经陪伴大家走过了1 314天。像是命中注定的缘分——“花梨”与华理的缘分，“花梨”与你的缘分。

未来，“小花梨”还愿陪你们，陪华理走过一生一世。

（刊载于“小花梨”微信公众号2016年10月25日）

央视直播！超酷的华理人！

有这样一群华理人，他们假期没有选择宅在家里，而是走进云南省寻甸回族彝族自治县，用虚拟现实技术（VR）传承红色基因。

2019年7月21日上午10点，中央电视台新闻频道（CCTV-13）“记者再走长征路”主题采访活动的直播中出现了华理学子的身影。他们站在红军长征柯渡纪念馆门前，精神抖擞，声音洪亮，在党旗下集体宣誓。来自华理商学院的“薪传七十载，重走长征路”（以虚拟现实技术还原长征足迹的社会实践项目）团队接受了央视记者的采访。

2019年是中华人民共和国成立70周年，学校社会实践“双百双千”工程中有19支团队共赴学校定点支援的云南省寻甸回族彝族自治县。其中，商学院传承红色基因实践项目团队通过采访长征沿途主要纪念馆的馆长，制作访谈实录，利用新型虚拟现实技术推动红色教育形式创新，让“红色基因”传承更加地鲜活、生动，以期望在“学校小课堂，社会大课堂”中坚定同学们的理想信念。

“薪传七十载，重走长征路”团队利用虚拟现实技术还原了寻甸回族彝

（图片来源：商学院团委）

族自治县红军长征柯渡纪念馆的馆内场景，将长征精神、长征故事再叙述，以新科技助力红色基因传承，创造更多的交互体验机会，激发年轻人对红色历史、红色精神的兴趣。2019年7月，“薪传七十载，重走长征路”团队完成了对红军长征柯渡纪念馆的拍摄，并已初步制作成片。接下来，实践团队还将前往长征路上其他革命纪念馆开展实践活动。

除赴寻甸回族彝族自治县的社会实践团队之外，2019年华理还有60支团队赴延安、井冈山、遵义、赣州、长白山等地传承红色基因，开展理想信念教育，不忘青年初心，牢记复兴使命。2019年8月，华理“百名优秀骨干培训班”学员赴延安梁家河开展学习实践，“英才班”学生骨干赴井冈山开展学习实践，机动学院实践团队走进临沧市中学宣讲十九大精神，药学院实践团队则参观了龙陵抗日战争纪念馆，聆听先烈的英勇事迹，感受万众一心的血战历程。

学校积极组织实施社会实践“双百双千”工程，在2019年暑假以“青春心向党，建功新时代”为主题开展暑期社会实践。自2019年3月起，学校就启动了相关筹备工作，按照“提前谋划布局、加强顶层设计、创新展示形式、强化组织保障”的工作原则不断推进，截至7月，共有2 020支实践团队、1.024 7万名本硕博学生、275位专业指导教师，前往云南、黑龙江、广东、新疆等全国各地开展形式多样、内涵丰富的社会实践活动。在团中央“三下乡”已公布的12个专项中，学校共获得立项11个。此外，在上海市“知行杯”各类立项中，学校有9个项目获立重点项目，12个项目在“长三角示范区专项赛”中立项（入选项目数量并列全市第二），10个项目在委办局委托专项中立项（入选项目数量居全市首位），8个项目在“青春社区”专项中立项（入选项目数量居全市首位）。

2019年，学校的暑期社会实践内容包括理论普及宣讲、历史成就观察、乡村振兴、美丽中国、海外社会实践、上海城市发展建设、长三角一体化、政务挂职与企业实习等8个实践专题，具体内容如下。

（图片来源：商学院团委）

1. 理论普及宣讲

重点围绕习近平新时代中国特色社会主义思想和党的十九大精神等，深入企业、军营、社区等场所，广泛开展小规模、互动式、有特色、接地气的宣讲报告，以及学习座谈、调查研究等社会实践。

2. 历史成就观察

组织700支返乡实践团队，鼓励和引导青年学生利用暑假返乡机会，关注、关心家乡发展，主动参与家乡开发建设，通过聚焦中华人民共和国成立以来的重大事件、重要地点、重点区域，开展参观考察、国情调研、专项走访，观城乡新貌、看身边变化、听亲身故事，做新时代的发展见证者。

3. 乡村振兴

在中央单位定点扶贫县或其他国家级贫困县开展科技支农帮扶等社会服务或课题研究，以实际行动积极投身脱贫攻坚战，投身乡村振兴战略，勇做担当民族复兴大任的时代新人。

4. 美丽中国

围绕环境污染、水资源保护、垃圾处理、资源开发、自然灾害预防等问题，开展科普知识宣讲、社会调查研究以及为环境保护建言献策等活动，做新时代的绿色践行者。

5. 海外社会实践

以“文化浸润、深度交流”为主题，前往全球各国开展体验学习、专题调研和服务建设等多种类型的社会实践，重点围绕“一带一路”倡议，在海外社会实践中积极聚焦“一带一路”沿线重点国家，加深对构建人类命运共同体的理解，做新时代的文化推广者。

6. 上海城市发展建设

重点围绕上海城市经济社会发展的重点领域、热点问题，聚焦加快建设“五个中心”、打响上海“四大品牌”、上海自贸区增设新片区、上海证券交易所设立科创板及试点注册制、超大城市精细化管理等重大课题方向；围绕往社区走、往网上去、垃圾分类等热点问题，开展专业服务、实地考察和实证调研等形式多样的社会实践活动，助力上海建成卓越的全球城市。

7. 长三角一体化

围绕区域协调发展新机制，聚焦长江三角洲区域一体化发展国家战略，关注如何加强规划对接、强化战略协同、建设现代化经济体系、建设绿色生态屏障、推进市场体系建设、共建共享民生工程等方面，开展相关专业服务、社会调查和课题研究，落实新发展理念。

8. 政府挂职与企业实习

结合2019年中央和国家机关大学生实习计划、各省市政务挂职、企业实习、博士生“蓝火计划”等举措，重点遴选一批具有较高综合素质的大学生赴各级党政机关和企事业单位，开展以政务参访、业务实践、专业实习等为主要形式的实践活动。

一滴水，汇入江河湖海才不会干枯；一个梦，融入时代才会更加绚丽。在新的历史起点上，华理青年一定会坚定不移跟党走，燃烧青春，绽放光芒，担负起实现中华民族伟大复兴的历史重任！以中国梦激扬青春梦，谱写壮丽的青春之歌！

（刊载于“小花梨”微信公众号2019年7月21日）

单骑800千米归乡！华理学子贺新年、庆国庆！

我国很多地区把农历腊月二十三日叫作“小年”，过了这一天，年味会越来越浓。就在“小年”（2019年1月28日）的前几天，一位华理学子从上海市出发，骑行800千米回到了家乡山东省，用自己的行动提前为全国人民送上新春祝福，为伟大的中华人民共和国70华诞献礼。

这个大胆的想法来自华理艺术设计与传媒学院（简称“艺术学院”）艺术产品专业170班的王冠华同学。提起这样做的初衷，他说：“不为别的，我只是想在2019年新春前夕，做一些有意义的事情。通过骑行，我不仅可以感受祖国的变化，而且能够投身公益。”就这样，在学院的支持下，何俊钦老师与王冠华共同策划了这场大胆而又充满意义的行动。

当然，800千米的公益骑行并不是一场说走就走的旅行。从2018年12月起，王冠华就开始查询相关资料并列出物资清单，一边进行采购，一边进行华理“贺新春　庆国庆”主题海报的设计。2019年1月，他制定出更详细的规划，同时也将车辆和物资陆续准备妥当。考虑到气候与安全等因素，他决定以青岛为终点站。根据行程路途实际情况难度，他计划重点关注沿路的中国年氛围或实地调研沿路的环境保护、新农村建设、社会主义建设新风貌等方面的情况。

王冠华的创新实践活动不仅是艺术学院相关实践及展览竞赛课程的延伸，也是寒假社会实践活动之一。在何俊钦老师的指导下，王冠华开启了这次骑行之旅；王冠华与金晓霆设计的华理特别版主题海报伴随着王冠华经历了骑行全程。

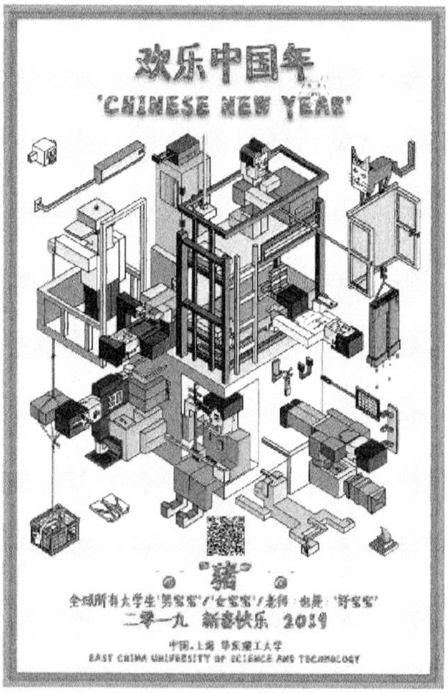

（海报[②]）

DAY1：1月19日[①]

终于迎来了出发的日子。虽然天空中飘着绵绵细雨，但是丝毫不影响王冠华的心情与决心，临行前他再次检查了车辆情况，带上整理好的物资与海报，从华东理工大学出发，过上海宝山区，到太仓，自此进入江苏省境内。沿着长江，一路来到通常汽渡，紧接着跨江，到了第一天的落脚地——江苏省南通市。

DAY2：1月20日

骑行的意义不仅仅在于享受骑车本身，更在于欣赏沿途的人文风光。来到南通市，不能不识濠河与张謇。第二天的王冠华并没有着急踏上行程，而是前往南通濠河博物馆、张謇故居、南通电视塔等地进行了调研，还通过录制视频代表华理人提前祝福全国人民新春快乐，同时也为祖国送上了祝福。

① 此部分内容来源于王冠华。

② 本图片已获得王冠华的出版授权。

DAY3：1月21日

当日，阳光明媚，气温有所回升，这为王冠华的骑行减去了不少压力。早上8点20分从江苏省海安市出发，走204国道到达东台市，下午沿着老204国道骑行72千米到达盐城市。

DAY4：1月22日

沿着204国道，过盐城市阜宁县，18点30分骑行至盐城市滨海县。王冠华的骑行里程已累计了410多千米，行程已经过半。他虽然一直在赶路，但也不忘记停下脚步进行调研，参观沿途革命老区并用镜头记录下革命老区的新变化，感受老一代人艰苦奋斗的精神。离开盐城前，王冠华再次代表华理人向全国人民贺新春，并为祖国送上祝福。

DAY5：1月23日

沿着204国道一路骑行，王冠华偶尔会转入乡间小道，关注沿途乡村风貌、战场遗址等。其间，路过小沙东海战纪念地，这是一场木船对铁艇的海上遭遇战，它谱写了16名将士的抗日悲歌。一块镌刻“小沙东海战纪念地”八个大字的石碑静静地立在那里，提醒着人们不要忘记那段历史。王冠华也希望通过骑行活动的分享，能使更多的青年学习到先辈们的革命精神，将红色精神传递下去。

DAY6：1月24日

连日骑行所带来的疲惫导致身体免疫力下降，王冠华休息一日加以调整。

DAY7：1月25日

休整一天后，王冠华继续骑车上路。上午9点30分，王冠华从江苏省连云港市出发，途经花果山风景区，下午在连云港市赣榆区稍作休息，晚上由赣榆区柘汪镇进入山东省日照市。由南向北一路骑行，越向北气候越寒冷，风速也变得更大。王冠华的骑行速度也由原来的14千米/小时，变成了10千米/小时。

DAY8：1月26日

进入山东省境内的日照市，骑行也到了最后的阶段，王冠华呼吸着家乡的空气，看着熟悉的风景，他知道终点很快就要到了。

（图片来源：王冠华[①]）

DAY9：1月27日

上午，王冠华到达了目的地青岛，艺术学院的部分老师和同学在终点迎接他，与他一起庆祝本次骑行活动的圆满结束，同时提前祝福中华人民共和国成立70周年，也为全国人民送上了春节祝福。

王冠华有信仰、有情怀、有担当，他用自己的方式，向着最蓝的那片天空前进。站在新的历史起点上，新时代赋予青年人新的历史使命，哪怕角色再普通，有志者都能够找到使自己发光发热的方式，找到自己与祖国同频共振的连接点，找到为社会、为祖国做贡献的途径，为实现中国梦奉献自己的力量。

（刊载于“小花梨”微信公众号2019年1月28日，转载自“华东理工大学艺术设计与传媒学院”微信公众号）

① 本图片已获得王冠华的出版授权。

朝鲜战场的华理人

69年前，有一位青年正值花季年华就已经作为志愿军战士走上了战场，承担起保家卫国的历史使命，同朝鲜人民和军队一起，历经了舍生忘死的浴血奋战，见证了抗美援朝战争的伟大胜利。她就是华东理工大学非常具有代表性的老教师、老战士——沈其端。

（图片来源：华理档案馆）

沈其端，女，1934年10月12日出生于上海嘉定，1950年参加中国人民志愿军奔赴朝鲜战场，1952年回国，1955年复员，后来考入华东师范大学俄语系，1960年毕业后被分配到华东理工大学工作，1979年被调到华理科研处从事学术交流工作，1990年退休。

从1950年参军到2019年，69年过去了，当年只有16岁的沈其端，如今已经白发苍苍。

那时候是中华人民共和国成立初期，国家百废待兴，年仅16岁的沈其端响应国家号召参军入伍，成为志愿军26军77师文工队的一员，从事文艺、文化教员工作。

“上海解放前，我在嘉定县（今嘉定区）县立中学念初中，当时的班主任就是中共地下党员。”沈老回忆起中学时代为中共地下党员开会放哨那段往事，“小时候大家都玩弹珠，国民党、三青团（三民主义青年团）一来，我们就用弹珠弹到窗户上弄出声响，正在开会的老师们就知道有人来了，赶紧撤退。”

受到老师的影响，当时还是一位小姑娘的沈其端就在国家需要之时积极投入抗美援朝工作。尽管父母坚持认为“好铁不打钉，好儿不当兵”，对她百般劝阻，她仍旧义无反顾地参加中国人民志愿军，随军北上，奔赴朝鲜战场。

在朝鲜的那段经历，是沈其端终生难忘的。行军路上，基本靠步行，他们喊着“抗美援朝，保卫国家”的口号，一路跋涉，而这才只是第一步的考验。

到朝鲜后，身边每天都有人牺牲。那是一段十分艰苦而充满危险的日子，与她一同奔赴朝鲜的六个同学，只回来了三个。

“那天有位战友身体不舒服，就没出早操，等我们早操结束回来时，人就不见了。”沈老说，她们四处搜寻，在火车轨道下发现了死去的战友，“说不定哪天，闭上眼睛醒不过来的就是自己。”

沈其端也差点儿被留在了朝鲜战场上。刚到前线时她发了高烧，饭都吃不了，只能被转到后方医疗队去。运送她们的货车为了躲避敌人的飞机只能在夜里行进，白天就躲进深山老林里的救助站。

有一次，昏迷不醒的沈其端被抬下车休息后却被忘记抬上车，被落在了公路上。等车队到达目的地后，战友们发现少了一个人，这才折返回去寻回了她。后来，沈其端的部队因人员伤亡严重所以没有参加著名的上甘岭战役，而是在参加了第二次战役和第五次战役后就撤回休整了。

尽管当时四处可能潜伏着敌人，头上飞机轰鸣着抛掷炸弹，战火连天，战友们每天都置身于极度危险当中，可沈老如今提起却波澜不惊。

“过来了，反正都过来了。”沈老说，她不后悔参加中国人民志愿军，不后悔去参加抗美援朝，之前吃过的苦对于她来说都极其有意义。

沈老房间里挂着一幅照片，那是2008年的时候，战友们在北京聚会的大合照，照片上的很多人如今已经不在了，活着的人愈加珍惜当下。沈老对着照片介绍她的战友时，眼神中流露出怀念之情，她说：“虽然我们不是兄弟姐妹，但我们之间的那份感情比亲兄弟姐妹还亲。如今，我的战友们虽然分布在全国各地，有的可能已经失去了联系，但是我们在那场战争中建立起的感情，从未被时间冲淡。”

“我现在已经是年近古稀的老人了，经常会想到那些牺牲在朝鲜的战友们，我们这些亲身经历的幸存者，心中还有他们，还想着他们，一直以他们的英勇事迹来鞭策自己。”沈老在2004年写下的文章中如此描述。从朝鲜回国后，沈老与一众中国人民志愿军被滞留在山东，她说：“这是组织上的安排，防止我们泄密，也怕我们之间混杂了特务。”

沈其端在山东莱阳一住就是三年。在这里，她亲身感受到了什么是贫困落后。农民们早上吃地瓜叶子，过年才吃一点儿面条。晚上，沈其端一群人就挤在老乡腾出来的炕上。有次晚上睡觉，沈其端的腿部不小心被蜈蚣咬了，现在腿上还留有瘢痕。她见过农村人娶亲，十六七岁的小姑娘，椅子一抬就送过门。她送了一块手帕给新娘子，新娘子竟然给她跪下磕头来道谢。

（图片来源：沈其端[①]）

1955年，复员回到上海嘉定后，沈老没有正式的工作，只能做临时工。中学时代成绩优异的她，选择继续学习以考取大学。1956年，她成功考入华东师范大学俄语系，

① 本图片已获得沈其端的出版授权。

1960年毕业后，沈老被分配进华东化工学院工作，直至1990年退休。

这么多年过去了，战争已经离我们远去，人们习惯于把眼光放长远，少有人再往回看，可是对那段历史刻骨铭心的人却从不曾淡忘。

沈老写过很多文章，以纪念抗美援朝的经历和曾经的战友。接受采访时，她对我们说："我跟你们讲这些事儿，也是不想让人们忘掉这段历史，想让现在的孩子们了解那个时代。"

这些英雄，这些故事，的确不应当被遗忘。

沈老讲述这段历史的时候，我们仿佛可以从她的言语中窥得一个时代的影子。虽然她经历了沧桑岁月，但是她那双眼睛，仍旧像她16岁时一般坚定有神——有些东西，永远不会逝去。

（刊载于"小花梨"微信公众号2019年4月27日）

让华理兵哥哥告诉你什么叫“军人魂”

大学一年级（简称“大一”）时，相信很多同学会对自己的大学生活感到些许迷茫，然而有这么一位华理学子却早早坚定了自己前行的道路。“莘莘学子携笔从戎，参军报国建功立业”“保家卫国终不悔，驰骋疆场献青春”……这些征兵的宣传标语像是一根根钢筋，扎进了他的内心，坚定了他从军报国的信念。他就是商学院信息管理与信息系统专业150班的孙天峰。

当被问起为什么选择当兵时，孙天峰的脸上满是自豪，他说：“我只是想做一件当我80岁时想起来都还为之自豪的事。”成为一名军人，对一个男人而言当属最崇高的理想，正因如此，孙天峰毅然决定投身军营。可部队生涯远非想象中的那么简单，孙天峰刚进军营时并不适应，加之强度大、内容枯燥的新兵训练，入营期的一系列考核一度成为孙天峰军人生涯中的一道高坎。一道道难关将许多新兵拦在了门外，但却阻拦不了孙天峰前行的脚步。“这是军营给予我的历练机会，我能做的只有不断克服、克服、再克

（图片来源：孙天峰[①]）

服。”孙天峰的坚持与努力不是盲目的、无用的。新兵阶段考核时，全连103名新兵中唯一体能科目全优的成绩，成了他最满意的答卷。但他并没有停下前行的脚步，他不甘平庸，不愿成为一个无名小卒。“站上了跑道，我就没想过要输。”孙天峰如是说。其他士兵训练跑1千米，他就跑5千米；士官要求做一遍器械，他会重复做数十遍。渐渐地，他从连里的尖子跃升为营里的尖子，再到整个团——他成了军营里的“兵王”。然而，这仅仅是个开始。

人民子弟兵，就应当服务于人民。孙天峰除了积极训练外，还投身于外出的军事任务。福建“卫士15”演习、“卫士16”演习，湖北对抗驻训、濒海驻训、G20峰会驻守执勤等各项军演和执勤任务中都有他的身影，而他也因此获得了各项标兵的称号。

① 本图片已获得孙天峰的出版授权。

2016年夏季，多地台风肆虐，灾情严重。孙天峰主动请缨，投身台风“尼伯特”“电母”“莫兰蒂”的抢险工作。救灾之前，他默默写下“遗书”，将生死置之度外。孙天峰说：“我曾经听过一位老兵的故事：他身在对越自卫反击战前线，母亲每天烧香拜佛祈求儿子不要出战，他却天天写请缨书。这个故事启发了我，小家固然重要，但我是一名军人，祖国这个大家对我而言更为重要！”抢险期间，孙天峰救回了一个个鲜活的生命，保卫了一处处珍贵的财产。钢钉刺穿了他的双脚，他却只是简单地打了破伤风针，便再度投入抢险工作之中。抢险结束后，总有人民群众为子弟兵送行。每每看到“含泪送亲人”的横幅，孙天峰总会百感交集。在那些时刻，身为军人的责任感与自豪感总会涌上他的心头：这才是军人，这才是人民子弟兵！

（图片来源：孙天峰[①]）

① 本图片已获得孙天峰的出版授权。

两年的军旅生涯让孙天峰学会了吃苦，学会了坚持，懂得了何为军人之魂。回到学校之后，孙天峰继续发扬了军人精神。学习和训练、出战一样，都需要不怕困难、努力坚持的勇气和决心。孙天峰凭借着在部队练就的坚强意志，不仅在极短的时间内恢复了正常的学习状态，还获得了比入伍前更优异的成绩——专业成绩综合排名第五。此外，他还获得了2016—2017学年度成思危名誉校长奖学金特等奖。这些都是他努力付出而得到的回报。

孙天峰在校内积极参与献血、志愿者服务工作，并投身健美、马拉松活动，在各大高校、地方竞赛中都取得了优异的成绩。孙天峰还积极参与了华理原创军旅题材话剧《金珠玛米》的演出，为建军90周年献礼，这部话剧在上海学生纪念中国人民解放军建军90周年歌会系列活动中荣获一等奖。

谈及他的个人经历，孙天峰只是淡淡地微笑着：“我所做的一切只是些微小的服务，是军人的义务。”他用他的行动告诉我们：军人魂，应当是精进自身，服务他人。

（刊载于“小花梨”微信公众号2018年5月8日）

从魔都到珠峰

——“总会有人去，为什么不能是我？”

在华理，她是一名严谨负责、耐心认真的兼职辅导员，也是一名勤奋求实、脚踏实地的青年学子。尚未毕业的她，选择休学一年参加大学生志愿服务西部计划（简称“西部计划”），走进祖国边陲，用真正的实践来磨炼自己。有颜值、有气质、有志向，是梦想家也是实干家，她就是2019年“西部计划”志愿者——王婧怡。

王婧怡，中共党员，商学院管理科学与工程专业2017级硕士，曾任商学院2015级本科生兼职辅导员、商学院2015级本科生第二党支部书记。

担任兼职辅导员的一年间，王婧怡用自己的真诚和热心与学生们打成一片，成为大家口中最亲昵的那位“导员儿”。“梅陇路130号”钥匙扣、徐汇校区的咖啡和宿舍窗外的晚霞，都是她心心念念想要抓住的美好回忆。但这些并不能阻挡她前进的脚步，她认为，祖国的繁荣昌盛离不开每一个人的努力，正是因为有甘于奉献的人在默默付出，我们的生活才会有这么大的改变。

王婧怡说：“总会有人去，为什么不能是我？”她表示自己从18岁到现在，一直在思考的问题就是如何以最正当的理由“浪迹天涯”。从执意只身前往冰城哈尔滨上大学，到坚决放弃“家门口”的“985”高校的保研机会，选择来到上海“闯荡”，再到如今尚未毕业，决定休学赴藏从事基层青年工作，她的每一个选择都很大胆。常言道：儿行千里母担忧。是啊，天下父母哪有不担心子女有些“大胆”的选择的呢？但王婧怡的父母最终都给予了她最大的鼓励和支持，悉心呵护着她的理想与情怀。正因为他们的谆谆教诲，才有了如今的她和她如今的选择。

（图片来源：王婧怡[①]）

王婧怡已经做好了充分的准备。一年的兼职辅导员经历使她的组织协调和沟通交流能力都得到了极大的提升，而且她生性活泼开朗，敢于尝试和挑战，她有信心能很好地融入即将面对的陌生环境，在自己的工作岗位上发挥一定的作用。

她还有一些小目标：志愿期内，努力履行好自己的岗位职责，谨慎做人，踏实做事；工作之余，坚持学习，多读书，认真写论文；再长远一点儿，希望自己重返校园后回首这段经历时，心中只有“充实”和“无悔”这两个词语。无论将要走上什么样的工作岗位，她都会时刻谨记华理“勤奋求实，励志明德”的校训，未来做一个对社会有用的华理人。

① 本图片已获得王婧怡的出版授权。

王婧怡前往的仲巴县，地处中国西南边陲，喜马拉雅山脉以北，县驻地海拔高达4 772米。雪域高原的生活环境对于她来说，可能会很艰苦，但那里无限美好的自然风光，是她在其他任何地方都领略不到的。

在出发前接受采访时，她开玩笑地说，希望自己能被青藏高原温柔以待，不要有高原反应。抵达雪域高原后，她第一时间与家人和好友分享了自己的喜悦与震撼，随即“闭关”进行为期一周的全封闭式培训。“小花梨”在这里把美好的祝愿送给王婧怡，一周后的你，一定是满血复活的！

城乡发展的不平衡、乡村发展的不充分，是国家发展道路上的拦路虎。近些年来，国家非常重视引导和鼓励高校毕业生前往基层就业，向各地输送一批又一批的新生力量。将大学生所学的专业知识真正应用到促进城乡发展的工作中去，无疑是很有意义的举措。王婧怡说，基层，即最基础的地方，只有从最基本的工作做起，一步一个脚印，才能积累到最丰富、最宝贵的经验，拥有最广阔的成长空间。

大城市的光环不是每个人都能够轻易舍弃的，不同的人生选择会看到不同的风景，而不同的人生选择并没有好坏对错之分。如果乐于奉献，不怕吃苦，期待自己的人生与国家发展共进退，那么扎根基层、发挥优势就无疑会是很棒的选择。

深入发掘人生的可能性，她无愧于心。放眼祖国大地，她带着几点期望与满心热爱轻装上阵。从魔都上海到珠峰之乡，改变的是地理位置、风土人情，改变不了的是心系祖国、坚守梦想的那颗心。

希望大家也可以这样，选择热爱，选择奉献，选择听从内心的声音，选择努力拼搏描绘出最美的色彩！未来可期，你我同行。

（刊载于“小花梨”微信公众号2019年7月23日）

寒假4 700多名华理学子做的这件事，你参与了吗？

不知不觉一个寒假已经过去了，除了和亲朋好友欢聚，有些华理学子还选择了更有意义的方式来度过这个寒假。在2019年寒假，校团委以“心怀家国 · 使命担当”为主题，共组织1 600余支团队，4 700余名学生，前往新疆、西藏、云南、香港、澳门等全国各地开展形式多样、内涵丰富的社会实践活动，不知道你的活动地点在哪里呢？华理学子走出校园看社会，返回家乡看中国，在实践中筑牢信仰之基、体验实践之真、追求知行之善。加油，华理人因你们而自豪！

发挥学科优势，聚焦行业发展

依托我校优势学科特色，以实践地经济社会发展和民生需求为出发点，以化学化工、医疗健康、食品安全、环境保护和乡镇规划等为主题，340余支社会实践团队深入工厂企业、乡镇农村、社区街道开展技术服务和社会调查并形成决策咨询报告。

化工学院实践团队在企业工程师的指导下提出化工厂生产线优化方案；艺术学院研究生实践团队走进福建省松溪县，结合专业知识开展“设计立县”工作，打造文创产品，为松溪区域文化繁荣和经济产业转型提供设计帮扶；体育学院实践团队为崇明区青少年网球队冬训营活动提供专业指导。药学院的钟湘在参与“城镇乡村药物常用知识普及情况调研”实践项目后提到，实践让她了解了药学专业的广泛性、应用性和重要性，让她对未来的专业学习更充满期待。华理学子在实践中不断深化对专业知识的理解，以专业认知为先导，增强学习主动性，做好未来学业规划。

弘扬志愿精神　深化实践育人

围绕中国共产主义青年团上海市委员会（简称“共青团上海市委”）提出的“往社区走”的要求，300多名华理学子利用假期时间开展“追梦华理人，温暖一座城”志愿服务活动，关爱空巢老人、留守儿童和残疾人士等特殊群体，

（图片来源：华东理工大学青年志愿者协会）

开展亲情陪伴、结对帮扶、义务家教等多种形式的社会实践活动。很多同学前往上海南站、长沙火车站、郑州火车站等交通枢纽，协助交通运输部门保障春运期间各项工作有序开展，倡导城市文明，为回乡的旅客送上真情与真心。

外国语学院研究生实践团队加入了襄阳古城墙保护宣传志愿团队，守护和宣传襄阳古城墙。化学与分子工程学院（简称“化学院”）邓龙在参与社会实践后感受到，志愿服务不但可以使志愿者为社会献出一份爱心，而且能够让其感知到平凡的人可以做不平凡的事情。华理学子在实践中弘扬志愿服务精神，坚持以青春梦托起中国梦。

传递青春力量，共逐青春梦想

学校已连续两年开展“乡约”系列社会实践活动，2019年寒假共有500余支团队、1 200余名学生返回高中母校拜访恩师，与学弟学妹们分享成长感悟，通过宣讲、座谈等形式宣传华东理工大学。他们不仅向学弟学妹们播放学校官方宣传片《薪传》《芳华・理想》，发放官方招生宣传册、宣传单页等资料，还结合自主设计的PPT进行现场宣讲介绍。

理学院实践团队为学弟学妹们带去写有祝福的华理明信片和“小花梨”文创产品；资环学院实践团队在宣讲结束后还建立宣传答疑群，持续进行线上答疑解惑，为奋战高考的莘莘学子送上一份温暖；中德工学院的潘缘在浠水县第一高级中学宣讲中提到，2018年9月，他带着母校的期望走进华理，而今天他则带着华理“勤奋求实，励志明德”的精神归来。华理学子在实践中将“爱校荣校”见于行动，在宣讲中增强了对华理的认同感和归属感以及自身的集体荣誉感。

推动协同创新，共筑区域发展

围绕上海城市经济社会发展的重点领域、热点问题，聚焦长三角区域一体化发展国家战略，我校100余支团队在长三角地区开展了专业服务、实地考察和实证调研等形式多样的社会实践活动。

社会学院实践团队结合上海市的“新时尚”——垃圾分类，通过走访虹梅路街道和凌云路街道部分居委会，对街道工作人员和小区居民进行采访调研，结合专业提出优化升级垃圾分类实施的可行性方案；商学院研究生实践团队依托“长江三角洲城市经济协调会产业特色小镇发展联盟”，以实地考察、调查研究等方式梳理并分析了特色小镇的市场环境、政策环境和特色资源等，为现有的特色小镇做好诊断，提出建设性的可持续发展建议。机动学院的马小龙在调研长三角交通一体化建设后，了解了“打通省际断头路”等重点推进项目，意识到长三角交通一体化建设的号角已然吹响。

华理学子结合专业特色从不同角度聚焦上海城市精细化管理、“四大品牌”建设和长三角一体化战略，在实践中了解国家政策，明确未来个人职业的发展方向。华理学子心怀家国，在实践中了解国情、增长才干、服务社会，其实践成果得到众多媒体的关注和报道，产生了广泛的社会影响力。来自商学院、化工学院、资源与环境工程学院的8名云南寻甸籍学生组成的实践团队，通过返乡看家乡脱贫摘帽后的巨大变化的社会实践，树立了返乡奋斗的目标。华理学子记录实践过程的专题纪录片《一克重的春运行李》正式发布后，受到新华社、中国新闻网、央广网、上海电视台、上观新闻等众多媒体的关注，同时，团中央官方微信公众号、全国学生联合会官方微博也对该纪录片进行了报道。此外，新华社全程直播信息学院大学四年级（简称“大四”）学生杨孟平的返乡回家路，并以“读书有用”为主题报道了他的社会实践成果。

这次寒假社会实践有理论宣讲、国情观察、长三角一体化、志愿服务、文化服务、科技创新、感恩母校等七大系列主题，内容丰富多彩、全面深入。相信此次社会实践不但可以使华理学子坚定理想信念，而且能够推动习近平新时代中国特色社会主义思想进头脑，助力大学生担新时代青年使命、立新征程报国之志。

（刊载于“小花梨”微信公众号2019年3月1日）

第二篇

家 国 情 怀

“国家的希望、民族的未来在青年。”实现中华民族伟大复兴的中国梦离不开广大青年的奋斗进取、开拓创新。“少年智则国智，少年富则国富；少年强则国强，少年独立则国独立。”作为新时代的建设者和接班人，华理学子始终不忘民族复兴使命，将爱国主义精神深深植根于心中，争做走在时代前列的奋进者、开拓者和奉献者。

歌唱祖国！华东理工大学来了！

2019年是中华人民共和国成立70周年。七十载沧桑巨变，七十载春华秋实。华理与祖国风雨同舟数十载，艰苦奋斗颂华章。华理，缘“化”而立，扎根上海，服务全国；与上海同步，与祖国同心，与时代同行。

从校门到通海湖畔，从运动场到实验室，从教学楼到图书馆，一场快闪活动的镜头，记录下了华理师生为祖国歌唱的身影。

朦胧中，影影绰绰的人群向我们缓缓走来。此刻，镜头在他们身上聚焦，逐渐清晰。

著名的足球烯模型旁，一群老人挥舞着鲜艳的五星红旗，高声歌唱。鹤发童颜、精神矍铄的他们，是1969届的华理校友。跨越了50年，他们始终将个人的前途同国家的命运紧密相连，为祖国的建设做出了贡献。

镜头切换，聚焦到思想者雕塑前的人群身上。他们是蜡烛，燃烧自己照亮旁人；他们是园丁，俯身耕耘浇灌祖国的花朵。他们有一个伟大的名字，叫作教师。从华东化工学院到华东理工大学，一路走来，我们的教师始终坚持立德树人，用真情和魅力感染学生。他们都怀揣着一颗赤诚的真心，孜孜

（图片来源：“小花梨”新媒体工作室）

不倦地为祖国培养各方面的专业人才。

例如，我校工科化学系列课程创新教育教师团队，这支队伍由两位中科院院士胡英和田禾担任顾问，国家级教学名师黑恩成教授带教，通过“传帮带”把优秀教师的作风、品质“带”给年轻教师。2018年，由刘洪来教授领衔的工科化学系列课程创新教育教师团队光荣入选首批“全国高校黄大年式教师团队”。该团队打造了2门国家精品资源共享课程、5门上海市精品课程，获得国家科技进步二等奖等科研奖项，拥有教育部“长江学者奖励计划”特聘教授、上海市领军人才、上海市曙光学者和宝钢优秀教师奖获得者等荣誉称号；坚持“与党和国家的发展同向同行”，始终奋战在教学科研第一线，响应国家号召，先试先行，开设“慕课西行”同步课堂，将华理金牌课程与喀什大学共享，探索出了一种柔性援疆新方式。

镜头再切换到三尺讲台上，聚焦于教室里正在上课的黑恩成老师身上。

黑恩成作为国家级教学名师，享受国务院政府特殊津贴，长期从事教学、科研工作，为国家级和上海市物理化学精品课程负责人、物理化学网络教育国家级精品课程负责人、国家级和上海市物理化学教育创新团队带头人。从1969年毕业留校参加工作至今，黑恩成用他的热爱、热情书写着教育人生的"传奇"。他曾说："我在华理教书40多年，依然对教学抱有敬畏之心。当好老师，既要热爱教育事业，对教学有热情、有激情，也要以真情对待学生，以学生为本，把全部的心血和精力都献给学生。"

画面再次变化，镜头对准了教学楼间的一片空地，一群学生正围着一位面容和善的老师歌唱，那是颜静兰老师。颜静兰是外国语学院教授、博士生导师，是全国师德先进个人、上海市教学名师、上海市三八红旗手、华东理工大学第一届张江树教学名师奖获得者。除此之外，颜静兰还是学校里魅力四射的"潮师"和人气女王，是众多学子口中亲切的"兰兰"。她一辈子没有离开过外语教学一线。从《上海英文星报》到《21世纪英文报》，再到《中国日报》，她教授了20多年的"颜记"读报课深受学生欢迎，甚至吸引了众多的校友回来"蹭课"。她说："我是教书匠，就喜欢上课。"

被心爱的学子包围，镜头里，安琦老师正在用心歌唱祖国。安琦是机械与动力工程学院教授、博士生导师，是上海市政协常务委员，享受国务院政府特殊津贴，曾获得宝钢优秀教师奖、上海市教学名师奖，完成科研项目30余项，发表学术论文300余篇，获得专利40余项……安琦的父亲也是教师，父亲留给他一句很重要的话——做教师要凭良心工作。他说，走上教师岗位以来，常常会想起父亲的这句话。多年来，安琦始终坚持"精益求精，做敬业教师""负责到底，做尽责导师""教书育人，做学生的朋友"的理念潜心育人，深受学生喜爱，被评为"最具人格魅力的好老师"，获得校"师德标兵"等荣誉称号。

紧接着，马新玲老师指导学生做实验的情景进入画面。马新玲是机械与动力工程学院副教授，也是宝钢优秀教师特等奖提名奖获得者，被评为2017年上海市"教书育人楷模"、全国万名优秀创新创业导师，曾获全国徐芝纶力学优秀教师奖、全国基础力学青年教师讲课比赛二等奖等多项荣誉。马新玲采取“爱心为先，教学为基，创新为要，培养为重”的工作方法，探索出“以赛促教，以做促学，知行合一”的教育模式，全身心投入本科教学工作。她是上海市精品课程责任教授，其主讲的6门本科课程经学生评教结果全部为优秀；连续指导8届、10项国家级“大创项目”（国家级大学生创新创业训练计划项目），共辅导学生获得69项国家级奖励、202项上海市级奖励；指导本科生发表中文核心期刊论文12篇，获得国家专利授权28项。

红日初升，一代代华理教师用心血培育的华理学子不负厚望，在各个领域崭露头角，闯出了一片属于华理人的天地。看，那一群纵声歌唱的年轻人，正举着五星红旗向我们走来。

张琦，化学院2015级博士研究生，导师为田禾院士和曲大辉教授，目前在费林加诺贝尔奖科学家联合研究中心（简称“联合研究中心”）进行人工分子机器以及超分子化学方面的研究。面对丰富奇妙的化学世界，张琦说：“我渴望将实验中的每一个问号都‘拉直’，希望早日创造出属于自己的‘明星分子’，助力中国在这个领域弯道超车。”张琦以第一作者身份在*Science*子刊等国际著名学术期刊上发表了9篇文章，连续3年获得博士生国家奖学金，2018年被美国化学会评为“未来领袖者”（全球仅30名）；此外，还获得2018年度“上海市青年五四奖章标兵”、第十四届“中国大学生年度人物”、2019年“全国向上向善好青年”等荣誉称号。

华东理工大学研究生支教团，自2013年开始组建至今，已连续组建6届，向甘肃省定西市的贫困县、乡输送了24名支教志愿者；自2017年8月起，服务地迁至云南寻甸，并先后派出两批共计14名志愿者参与当地扶贫支教活动。一届届研究生支教团成员，怀揣报国理想，远赴甘肃定西、云南寻甸，期望用所学知识改变贫困地区的面貌。他们在祖国最基层的地方，了解最真实的国情、社情、民情，把在大学里学到的知识、技能用在祖国和人民最需要的地方。

左子麒，2018年“创青春”全国大学生创业大赛金奖得主，“2018年大学生创业英雄100强”；曾获2018年度华东理工大学“大学生年度人物”等荣誉称号。他勇于创新、乐于实践，在创新创业的舞台上增长见识，增长才干，练就本领。作为商学院商务管理专业160班学生、EAPC学术英语社团创始人、享玩SharePlay项目联合创始人，左子麒搭建新奇酷智能硬件共享租赁平台，斩获数十项创新创业大奖。

时代的钟声响彻云霄，“勤奋求实，励志明德”的校训犹在耳畔，以鲜艳的五星红旗为背景，华理师生正与祖国“携手”，向着灿烂的朝阳走去。

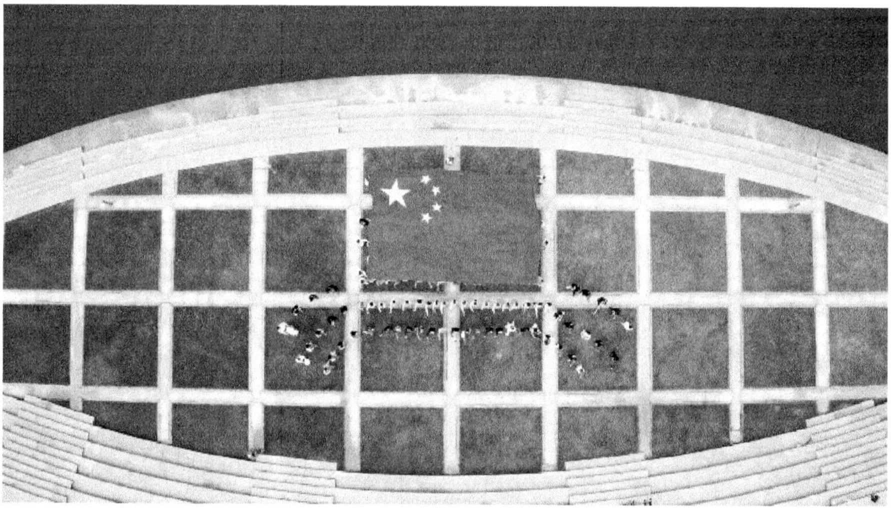

（图片来源：“小花梨”新媒体工作室）

这场快闪活动的大幕慢慢被拉上，但属于华理人的歌声永远不会停止。因为，我们相信：“少年当立凌云志，报效祖国会有时。中华民族伟大复兴的中国梦，终将在接续奋斗中成为现实。”[①]

（刊载于“小花梨”微信公众号2019年5月21日）

① 出自微信公众号“播音中国”于2019年10月1日发布的“2019国庆70周年阅兵|完整解说词”。

用一年让华理人的爱国心点亮神州中国红

2016年10月，华理团委宣传部为“小花梨”微信公众平台设置了“花梨走中国”这一版块，旨在与各位华理学子共同感受祖国大地的美景。一路走来，从西沙群岛到呼伦贝尔大草原，从疆藏到东三省，从中原到沿海……直到2017年9月30日，整个旅程终于在我国宝岛台湾顺利完成。

自海南起，于台湾终，在中华大地之上，我们一起游玩过的每一个省份、走过的每一片土地、呓语的每一句话、发出的每一个感慨，都会成为将我们成员之间、我们与祖国母亲牢牢连接在一起的纽带。

远行虽已结束，缘却未尽，如今请让我们将记忆的碎片一一拾起，细数我们与祖国大地母亲的每一个故事……

我们在魅力四射的西沙群岛许下心愿，体会到祖国领土的宝贵与神圣不可侵犯性。九寨沟瑶池似仙境，星汉银河五花海。西藏用圣洁的哈达包容一片天空，孤鹰翱翔，雪山傲立。挺立的白杨，是属于乌鲁木齐的别样风光。我们在广袤的南疆大漠感受到的不是孤烟笼罩，而是祖国同胞与极美风貌送上的温情。走过玉门关，我们静品“羌笛何须怨杨柳”的离愁别绪。宁夏银川，贺兰山黄沙漫漫之壮美，带给我们的是西夏王陵的神秘色彩。走进古城西安，我们感受到的是读不尽的长安城十三朝风雨沧桑。成王或败寇，均化作一缕烟尘，随风消散在历史的轮回中。

紧接着，我们加紧了脚步：自河北坝上，到呼伦贝尔；从齐鲁大地，至墨韵徽州，到诗意苏州；由天津渡口，往大同古城。我们在东三省读懂了北国的辽远，又在厦门领略了南国风韵。漫步丰城品古，转身便是世界屋脊比天高。驻足港澳后，我们的旅途在宝岛台湾落下了帷幕。

每一片风景、每一座城、每一个省，都将我们与祖国母亲更紧密地相连在一起。而时光，也悄悄向着“十一”靠拢。

日月盈昃，又是一年国庆，旅途上的我们不是形单影只，每一站、每一步，都有着各位，更有着我们的祖国与我们相伴。960万平方千米的祖国大地，记录着我们的每一个脚印。“花梨走中国”，即华理走中国。这一整年的行程，一整年的记忆，一整年的颂歌，便是我们送给祖国母亲最棒的生日礼物。

我们的“旅途”，同中华大地、祖国母亲一道，虽有开始，却从未结束……

（刊载于“小花梨”微信公众号2017年10月1日）

传统文化没有颜值？
带你去看极美华理人！

在学校每年的迎新晚会上，华理的师生们总能看到一个个粉墨登场的京剧表演者，用心为全体观众演绎一场精彩纷呈的传统文化艺术。

他们既有着高颜值，又有着一颗为中华传统文化的发展做出不懈努力的心。他们来自华理京剧社。社员们化着精美的妆容，身披华丽的戏服，而每一段优美唱腔的背后，都有着不为人知的刻苦和艰难。但他们始终坚持，从不曾退却。

（图片来源："小花梨"新媒体工作室）

"清早起来什么镜子照？梳一个油头什么花香？脸上擦的是什么花粉？口点的胭脂是什么花红？"我们慢慢地走向排练室，远远地便能听见里边传来社员们练习《卖水》唱段的声音。

京剧是我国的国粹，是中国五大戏曲剧种之一，腔调以西皮、二黄为主，用胡琴和锣鼓等伴奏，被视为中国戏曲三鼎甲“榜首”。京剧形成后便在清朝宫廷内开始快速发展，至民国得到空前的繁荣。京剧被传播到世界各地，成为介绍、传播中国传统艺术文化的重要媒介。京剧的分布地以北京为中心，辐射到整个中国。在2010年11月16日，京剧还被列入《人类非物质文化遗产代表作名录》。因此，传承京剧文化至关重要，我们的国家也在努力传播和普及京剧。

那么，社员们又是如何了解到京剧并怀揣着对它的喜爱参加京剧社的呢？有的社员是因为受到初高中校园文化的影响：“从初中的时候开始了解京剧，到了高中，学校里有了系统化教学。由于被化了妆、佩戴头饰的京剧演员们所吸引，于是自己也想学习。”有的社员则是慕名而来：“我对电视上的京剧表演很感兴趣，京剧是国粹，所以我也想学习好它并把它传承下去。”还有的社员非常简单纯粹：“就是喜欢！”尽管大家的回答各不相同，但他们都表达了对京剧、对传统文化的热爱。

事实上，看似惊艳的京剧扮相背后，却是演员们难以想象的不适。整个化妆过程将近两个小时，妆面的厚度以及油彩的特性导致脸部的皮肤完全无法透气。京剧扮相中凤眼的效果令人记忆颇深。为了塑造这一妆容，京剧演员的眼角需被吊起，并用勒头带绕太阳穴一圈圈勒紧，再加以数十件软、硬头面（几斤乃至十几斤的重量），其间得忍受太阳穴剧烈的疼痛甚至恶心的症状，实在是需要毅力的。

京剧表演从策划到彩排，需要耗费大量的时间与精力，并且在服装、化妆和道具等方面花费也很大。因此京剧社表演次数相对于其他社团来说比较少，但是京剧社在各位新生入学的时候就给大家准备了一份“厚礼”！在每年的迎新晚会上，京剧社都会登台演出。

“我们每个学期都会在开学或者期末的时候选定下一学期要排演的唱段，以脍炙人口的经典唱段为主。如果有演出或者比赛需求，我们则会选择

（图片来源：华理新闻网）

那些演员扮相华丽、更容易被大家接受的唱段。”面对观众们的啧啧称赞，京剧社社长如是说。“台上一分钟，台下十年功。”一场精彩的演出背后需要京剧演员们进行很长时间的练习与彩排。京剧社社长还说：“近些年来，京剧社在逐步发展，越来越被更多人所知道，我们社员也经常在学校多场晚会上登台亮相。学校方面也很关注京剧社的发展，甚至帮忙联系上海戏剧学院的老师来华理传授专业知识。”

又到一年一次的换届时期，将要卸任的京剧社社长对自己的学弟学妹们提出了两点建议：一是希望京剧社能够不再仅仅以一个参与者的身份去参与其他活动，而是自己主办一些以推广为主的活动。比如，在全校范围内举办一个脸谱绘画比赛，或是京剧社的社员们为所有对京剧感兴趣的老师、同学化一次戏妆。二是希望京剧社可以尽量联系上海京剧院或上海戏剧学院的名家来华理开设讲座。毕竟，若想让更多的同学去认识京剧并喜欢京剧，还是要靠那些专业演员，他们能够更好地展现京剧的魅力。

最后，京剧社社长也提到了她和许多京剧爱好者的愿望，那就是希望大家能给京剧、给自己一个机会，去感受京剧独有的魅力，唤起广大年轻人心中对国粹的认同感。

祝福华理京剧社！希望华理的京剧事业越来越好！

（刊载于“小花梨”微信公众号2017年5月31日）

震区的“花梨”们请向母校报平安！全体ECUSTer平安接力！

2017年8月8日21点19分，在四川省阿坝州九寨沟县发生了7.0级的大地震。四川成都、绵阳、广元，甘肃兰州，陕西西安、渭南等地均有震感。

地震发生后，习近平总书记立刻要求各方迅速组织力量救灾，全力以赴抢救伤员，最大限度减少人员伤亡。面对天灾，我们没有妥协！党政军民学，全国各地的人们，无论身居何职、身在何地，都尽己所能为抗震救灾贡献一份力量。灾祸面前，我们并肩作战，多了一分温暖，少了一丝恐惧。

地震发生后，国家减灾委、民政部紧急启动国家三级救灾应急响应，民政部、中国红十字会总会紧急调拨帐篷、棉被、床等救灾物资，全力支持四川地震灾区做好受灾群众临时安置和基本生活救助工作。公安部消防局启动一级应急响应，命令四川周边的公安消防部队迅速集结待命。

为及时恢复灾区供电，央企电网部门投入大量人力、物力，深入灾区抢险救灾，使四川多地恢复供电。截至8月9日，国网四川省电力公司在抢险救援中共计投入181名电力抢险人员、50台抢险车、3台应急发电车、4台发电机、10台照明灯具、4台无人机、2台卫星便携通信设备及其他抢险物资，并组织了位于四川阿坝、成都、绵阳、广元等地的电力抢险队赶往九寨沟灾区。阿坝州的救援人员同时也在尽力赶往核心灾区开展救援电力保障工作。

中国移动、中国联通、中国电信等通信央企迅速开通应急爱心救助热线，帮助受灾用户尽早联系到亲人。截至8月8日22点45分，中国移动四川分公司已第一时间累计出动抢险人员61人次、应急保障车15辆次、应急通信车2辆、应急油机35台、卫星电话3部、便携式卫星设备1套以全力抢通保通，一辆辆应急保障车、应急通信车开入灾区，一台台应急油机等保障物资被应急抢险先遣队送入灾区。中国移动四川分公司也开通了强开机服务，在震后20分钟内为3 682位停机用户恢复了通信功能、免停机服务。对九寨沟县用户和阿坝州救援队伍实施了免停机服务，开通了震区现场移动服务点以提供免费电话和充电服务。中国电信四川分公司成立了抗震救灾保通信领导小组，派出了4辆应急通信车、4支抢险队迅速从三个方向赶赴灾区。中国电信阿坝分公司组织九寨沟、松潘分公司迅速参与到灾区的通信抢险保通信工作中，九寨沟景区的固话、宽带和4G网络因此得以畅通。由于滞留九寨沟景区的游客较多，为避免电话拥塞，中国电信四川分公司提醒游客多利用4G数据网络发送沟通信息，并对四川全省开启了免停机服务。在四川绵阳，中国电信绵阳分公司组建了包含6辆车、12台油机和22人的应急抢险先遣队，早早地集结待命，随时准备出发。

中国石油天然气集团有限公司（简称“中国石油”）、中国航空集团有限公司（简称“中国航空”）、中国建筑集团有限公司（简称“中国建筑”）和中国国家铁路集团有限公司（简称“中国铁路”）等迅速开启应急预案，随时待命，等待政府的组织安排，积极配合救援工作的进行。灾情刚发生不久，沿途有条件的中国石油加油站就开启了自行发电功能，阿坝州内46座加油站均及时启动了应急预案，九寨片区（九寨、松潘）11座加油站也开设了救援绿色通道，以及时为救援车辆加油；中国航空及时排查机场道面，随时待命起飞救援；中国建筑第一时间进行项目排查，召开抢险救灾紧急预案启动动员会，安排项目员工救助附近受灾群众；中国中铁二局成兰铁路项目部也于8月8日22点40分派出首批救援队伍奔赴震中，同时后续队伍也在迅速集结。

官兵们立刻奔赴前线，有一个特警兄弟在朋友圈中写道：“宝宝，你要乖，还有更需要爸爸的地方。你在家乖乖的，等着爸爸凯旋！”特警队员英勇而无私的行动获得大量点赞。

然而地震发生后，网络上却出现了很多的不实信息，谣言的扩散影响了抗灾工作的正常进行。为了避免产生二次伤害，共青团中央立刻利用微博、微信、QQ空间等平台进行官方辟谣，并连续发布援助灾区前线的正规渠道和灾情通报等信息。同时，共青团四川省委也在实时更新灾区的受灾情况，以协助各界开展有效的、有组织的救援活动。中国红十字会总会也立刻从备灾救灾中心紧急调拨救援物资发往灾区现场。

各方团委联动助力，无论是线上还是线下的工作人员，都为救灾工作的顺利进行做出了不可磨灭的贡献！

在灾情发生不到3小时的时候，四川大学华西医院应急救援队就赶到了现场，他们带来了大量的应急物资和应急药品，解决了灾区的燃眉之急。同时，国家应急医学救援队和中国国际应急医疗队（上海）等专业救灾队伍也连夜出发驰援灾区。

一场突如其来的灾难，打破了周二晚上的宁静；一场场无须动员的驰援，旨在营救更多生命。大自然似乎只轻轻地吹了一口气，就让灾区的光明渐渐消失了。在黑暗中，有恐惧的哭泣声，有迷茫的叹息声。但是，就在此时，一个看似绝望的时刻，一批批志愿者，用双手捧着一颗颗赤诚的真心，将他们的爱心化作永不熄灭的明灯，渐渐汇聚、汇聚，扩大、扩大，直到照亮灾区的整片天空！

于是有网友留言感叹说：“中国的救援速度全球第一！”也有人感慨道：“正是因为中国的国力越来越强大，国强民富、众志成城，方能有如此惊人的动员能力！生于华夏，何其有幸！”

看着一个个武警官兵义无反顾地冲向灾区，只为援救一个个素不相识的生命；看着一条条支援救灾的网络讯息，以及不断更新着的关于灾区的最新报道；看到一场场来自社会各界自发进行着的应急救灾行动，我们不能不感叹——这就是中国力量！

我爱你！中国！

（刊载于“小花梨”微信公众号2017年8月9日）

上央视！当播主！华理姐妹花惊艳亮相央视五台的舞台

2019年4月3日，央视体育频道（CCTV-5）首档冰雪主题知识竞赛节目《冬奥达人答》播出了第5期。《冬奥达人答》是一档以冰雪运动为主题的知识竞答节目，“冬奥迷”和冰雪运动爱好者同台角逐，来自全国各地、各年龄段的100位选手在冰雪运动专家以及明星运动员的带领下，围绕冬奥历史、冬奥筹备、冬奥赛事和冬奥明星等方面的问题展开激烈角逐。最终只有一人可以突出重围，成为冠军，获得“冬奥达人”称号。

（图片来源：吴怡[①]）

华理材料学院的焦安琪和社会学院的吴怡两位姐妹花也参加了

① 本图片已获得吴怡的出版授权。

这档节目。焦安琪同学从百人团中成功“突围”，成为第5期擂主。

接下来，请焦安琪和在《冬奥达人答》第6期登台的吴怡两位华理“艾莎公主”来给大家讲述“冰雪奇缘”的故事！

年少结缘，走进冰雪世界

在2009年女子冰壶世锦赛中，王冰玉带领中国女子冰壶队赢得了冠军，她坚定的神情与优雅的姿态让吴怡对冰壶这一比赛项目充满了向往。多年前的这场视觉盛宴成为吴怡冬奥梦的起始点，这位来自辽宁大连的北方女神，也逐渐走入了奇妙的冰雪世界。焦安琪对冬奥会的关注则始于2014年的索契冬季奥运会。巧合的是，焦安琪的父母也是因为冰雪而结缘，曾就读于哈尔滨某高校的他们因对冰雪运动的热爱而在冰场上相识，因此出生于运动之家的焦安琪对冰雪运动有着别样的情感。

紧张激烈，开启冰雪之旅

《冬奥达人答》比赛分为挑战赛、半决赛和决赛三个阶段。挑战赛分为擂主候选战、擂主之争、攻擂大战和前进之门四部分。

在擂主候选战中，百人团共同回答8道题目，8题结束，答对率最高且总用时最少的两名选手进入擂主之争。在擂主之争中，两位选手共同回答5道题目，答对一题得一分，答错不得分，5题结束，得分高者成为本场第一位擂主，得分低者回到百人团继续答题；如果出现平局，则进入加赛。百人团同步答题，只要答错就将失去本轮比赛继续答题的资格。答对率最高且总用时最少的选手成为下一轮比赛的攻擂者。在攻擂大战中，两位选手共同回答5道题目，答对一题得一分，答错不得分。5题结束，得分高者成为擂主。如果出现平局则进入加赛。百人团同步答题，只要答错就将失去本轮比赛继续答题的资格。答对率最高且总用时最少的选手成为下一轮比赛的攻擂者。在前进之门中，现场将播放一段视频。根据这段视频，会产生7道题目，两位选手进行抢答，答对得一分，答错对手得一分。率先获得4分的选手成为本场胜利者,直接进入半决赛。

在最开始的擂主候选战中,虽然是百人团,人数多,但因录制期间的分组、互动安排,大家很快就彼此熟悉了。参赛选手们一起吃饭、复习,先进带后进,结下了深厚的友谊。虽然节目录制完成后,选手们各自奔赴不同的地方,但大家时常会在群里讨论一些国际比赛和生活日常,焦安琪说:“认识一群志同道合的朋友是十分幸运的。”

冰雪佳人,走上央视舞台

焦安琪与吴怡来自不同的学院,却因为冰雪结缘,一同站上了《冬奥达人答》的舞台。根据两位同学的介绍,百人团的选手来自各行各业,有的还是国家运动员、世界冠军、冬奥会志愿者等。节目录制期间,所有选手会一起讨论冬奥知识,讲述冬奥故事,分享自己与冰雪运动的缘分。

就如《冬奥达人答》导演说的那般,来到节目的很多人可能一点儿知识储备都没有。《冬奥达人答》并不是招了100个冬奥达人,而是希望100个人通过节目录制期间的学习,逐渐成长为“冬奥达人”。

来自华理的两位同学虽然没有专业的知识背景,但是也抱着学习的态度乐在其中,她们在答题过程中认真听王石安和罗宏涛两位嘉宾干货满满的点评。如果你和“小花梨”一样喜欢运动的话,那么你对罗宏涛这个名字一定不会陌生,他可是中央电视台体育频道的著名评论员。另一位来自沈阳体育学院的王石安教授,是短道速滑国际级裁判长,更是一位著名的冰雪运动专家。温润大气的罗宏涛,加上专业严谨的王石安,超强阵容,给节目增添了不少亮点呢!

荧屏亮相,分享节目花絮

关于节目录制期间的故事,吴怡和焦安琪有好多有趣的小花絮要和大家分享。吴怡说,她所在的小组在学习冬奥知识时采用的是实践记忆法。在冬奥项目里,雪橇、雪车和钢架雪车三个项目非常相似,组员们容易记混淆，有两个小伙伴为了让其他组员加深记忆，便模仿了参赛运动员比赛时的样子，并且拍了小视频发到群里，大家看过之后再也没有记错过了。

吴怡所在的小组是一个很团结的“小家庭”。在节目录制期间，节目组曾组织大家自愿参观大庆铁人王进喜纪念馆，这一组是唯一一个全员到齐的小组，为小组成员点赞。吴怡说：“参观完之后，我们真的是震撼于王进喜的铁人精神，也更加深刻地理解了冬奥会运动员们刻苦训练的精神和坚韧的意志。”

在百人团中还有吴怡的高中同班同学，两人在参加节目之前并没有沟通过，完全是因为巧合才选择报名并且入选了参赛名单，这也说明了青年一代越来越关注中国体育和中国冬奥会。而最让焦安琪有感触的是，有位33岁的大哥哥，从1998年开始坚持剪报纸、记笔记，记录每一场冬季运动赛事。他在节目现场拿出了一个小本子，里面是他从高中一直记录到现在的笔记，他还会给焦安琪补习冰雪知识。焦安琪说：“大家平时会一起学习，不断地看比赛回放，看一下比赛数据和规则。台上是竞争者，台下大家都是一起学习的超级要好的朋友！”

还有冬奥“真爱粉”林海禄，曾经担任两届冬奥会的志愿者，从滑雪场工作人员到成为央视舞台上的达人，他对冬奥会真诚的热爱深深地感动了焦安琪。

收获满满，助力冬奥宣传

参加《冬奥达人答》后，两位小姑娘也表示自己收获了很多。吴怡在节目中见到了带她走进冰壶和冬奥会的王冰玉，也获得了继续学习冬奥知识和宣传冬奥知识的动力，这是一种偶像激励自己拼搏奋斗、努力追梦的动力。焦安琪认为：“关于冬奥知识，尤其是中国冬奥会运动员队伍整体发展的历程，我们了解得太少。”焦安琪通过节目才知道了很多金牌、奖牌背后的故事。

据了解，北京市中小学已经开设了冰雪运动课程，国家也提出相关倡议并逐渐拓宽宣传面，以此带动冰雪运动在学生群体中广泛流行。而随着更多类似《冬奥达人答》节目的举办，国人能够更深层次地去了解冬奥项目和无数为冬奥会辛勤付出的冰雪奋斗者，从而喜爱冰雪运动，感悟运动精神！

冰雪世界，是纯净无瑕的存在；冰雪运动，映射出酣畅淋漓的拼搏精神。大家准备好和“小花梨”一起了解冬奥、走进冬奥了吗？

（刊载于“小花梨”微信公众号2019年4月4日）

斩获两项金奖！ ECUSTer在瑞典用歌声表白祖国！

2019年8月2日至8月7日，我校大学生艺术团伊卡斯特合唱团一行40人，在校团委书记侯宇、合唱团指挥孙璐的带领下，于瑞典哥德堡参加了2019年世界合唱大奖赛暨第四届欧洲合唱比赛。

2019年世界合唱大奖赛暨第四届欧洲合唱比赛是一场关于不同国家之间合唱音乐的和平竞技，在热情好客的哥德堡继续传扬“参与就是至高无上”的合唱奥林匹克理念。

我校伊卡斯特合唱团带着中国的音乐和华理学子对音乐的热爱来到瑞典，与来自47个国家和地区的171支合唱团同台竞技，角逐世界合唱大奖。

为了更好地调整状态，呈现最好的舞台表现，从抵达哥德堡开始，同学们就抓紧一切可以练习的时间做最后的准备。随时随地唱起来便成了同学们的日常活动，约塔河畔、港口、街区广场和中心公园都成了他们的排练场。

在比赛期间，伊卡斯特合唱团与清华大学、北京大学和华南师范大学等国内高水平高校的学生合唱团进行切磋交流，还偶遇了同样来自上海的中

（图片来源：华东理工大学团委）

福会少年宫小伙伴艺术团合唱队。

在斯塔兰大剧院举办的无伴奏民歌组比赛中，优秀的伊卡斯特合唱团用最纯净的声音、柔美的旋律演唱了三首经典的中国作品：《舍得 舍不得》《凤阳花鼓》《夜来香》。伊卡斯特合唱团以极富感染力的表现展现了中国音乐的独特韵味和魅力，打动了在场的每一位听众。

在哥德堡大学音乐厅举办的青年混声组比赛中，伊卡斯特合唱团则演唱了海地作品*Twa Tanbou*、美国作品*Earth Song*、中国作品《茉莉花》，三种不同语言的音乐作品代表着不同的文化，不同文化的精彩碰撞、音乐情感的深情表达给在场的听众留下了深刻的印象。

最终，我校伊卡斯特合唱团在无伴奏民歌组和青年混声组比赛中斩获了金奖！在2019年8月6日晚间的颁奖典礼上，来自世界不同国家的歌者用音乐这一语言分享合唱带来的快乐。当同样来自中国的深圳高级中学百合少年合唱团捧获其中一个组别冠军，现场奏起国歌时，在场的中国青年齐声高唱，燃爆全场！

在8月7日合唱节现场，伊卡斯特合唱团还获得了中国著名民族音乐作曲家刘晓耕先生的高度肯定。演唱结束后，刘晓耕先生与我校的同学们进行了音乐上的交流。

比赛过后，合唱团的同学们在微信朋友圈里表达了自己的感受与激动之情。

经过无数次的训练彩排，度过无数个努力的深夜，带着那份对音乐的热爱，以及想要在舞台上展现最好的自己的愿望，他们站上了国际舞台，向世界展现着华理人的精彩。他们做到了，他们将华理人的歌声留在了约塔河畔和哥德堡的大街小巷！

当国歌响起、国旗飘动，没有人不肃然起敬、热血沸腾。伊卡斯特合唱团在接下来的日子里也定会带着这份荣耀继续加油，为我们带来更多的惊喜！

（刊载于“小花梨”微信公众号2019年8月7日）

华理学子齐上央视！这波操作什么水平？

2017年10月2日8点20分，CCTV-2《厉害了，我的国》特别节目惊现华理学子身影。他们服装统一、队列有型，进行着一场有计划、有组织的神秘行动。

国庆节前，一群身穿红上衣的高颜值华理学子齐聚一食堂门口劲歌热舞，现场还有一群扛着“长枪短炮”的记者，惊艳的表演和庞大的阵仗着实吸引了在场所有人的目光。那是一次为祖国庆生而开展的快闪活动。表演的主角们是伊卡斯特合唱团和SoDance街舞社的小哥哥、小姐姐；而负责这次快闪活动的摄影、摄像组由来自中央电视台的摄制组成员和华理学生联手组成。

（图片来源：华东理工大学团委）

祖国母亲的生日到了，中央电

（图片来源：华东理工大学团委）

视台策划了一个专题节目叫《厉害了，我的国》，选取我校作为仅有的六个大学站点之一，拍摄录制快闪节目。该节目旨在用富有青春活力的表现方式向全国人民展现当代大学生的爱国热情。正因如此，华理登上了央视，主角便是风华正茂的华理人。

当日中午的温度很高，但是为了展现出华理学子最青春向上的一面，所有的参与人员都付出了全部的精力。伊卡斯特合唱团、SoDance街舞社、校学生会文艺部等团体的所有参与人员表现出了我们华理学子的精气神和爱国情！

68年前的10月1日，中华人民共和国正式成立。多年来，她经历过许多磨难，但依然阔步向前、砥砺奋进，因而创造了很多奇迹！

便利的交通

还记得前段时间，爆红网络的中国标准动车组“复兴号”吗？它不但快，而且相当平稳，从北京到上海只需4.5个小时左右，行车途中，4枚硬币稳稳立住。

很多人可能还不知道，我国的高速铁路、高速公路里程已经位居世界第一了。全球首条环岛高铁——海南环岛高铁，在我国！全球运营里程最长的高铁——京广高铁，在我国！

除此之外，还有京新高速——世界上穿越沙漠戈壁最长的高速公路；川藏北线——让曾经山鹰都飞不过去的雀儿山，现在10分钟就能被翻越；著名的跨海大桥——“港珠澳大桥”！它全长55千米，是世界上最长的跨海大桥。

创新的科技

2016年8月16日，“长征二号丁”运载火箭成功将世界上首颗量子科学实验卫星“墨子”号送上太空。

2016年9月25日，被誉为“中国天眼”的500米口径球面射电望远镜（FAST），在贵州落成启用，睁开了“慧眼”。作为世界上最大的单口径射电望远镜，“中国天眼”将代替我们去探索百亿光年以外的神秘与浩瀚。

2017年4月26日，我国首艘国产航母正式下水！它的下水，标志着我国自主设计建造航空母舰取得重大阶段性成果。

2017年5月5日，国产大型客机C919迎来首飞。国外媒体直接坦言：“未来中国商飞可能成为西方航空公司‘最大的威胁’。”我国曾耗巨资从国外进口空客飞机，正因如此，我国充分认识到问题的关键：没有大型客机，就只能依赖进口。于是，仅仅9年时间，C919横空出世！

便捷的生活

戴维，来自澳大利亚的小伙子，在呼和浩特生活了7年。他表示，在中国生活特别方便。在中国，每3个手机用户中就有2个使用移动支付来进行付款。中国是全球最大的移动支付市场。中国是世界上第一个发明纸币的国家，这一次，中国又引领了全球支付体系的更新换代。如今，人们在医院、餐厅、菜市场、加油站甚至路边摊，都可以进行移动支付。这完全得益于中国云计算和金融系统运算实力的迸发。新技术的提升，也在推动着零售模式的世界级创新。

杭州的世界首家无人零售店具有人脸识别、语音识别和自动扣款等功能；在广州，人们穿梭在无人商店里用手机扫码完成购物；在北京等地，超市里安装了智能分拣系统，所有商品都可提供线上、线下两种下单方式，30分钟内就能快递到家。

这就是中国——一个互联网大国，一个凭借科技实力闪耀在世界舞台之上的国家。

扶贫攻坚

近些年来，中国在快速发展的同时，也面临着一些问题。在如何缩小贫富差距、城乡差距、区域差距，让中国的发展更加均衡、协调、健康的问题上，中国创造了自己的方案，中国制度发挥了特有的优势。

财政扶贫，国家设立了财政专项扶贫资金，至2017年已拨付约860亿人民币；交通扶贫，中国农村公路通车总里程至2017年已达396万千米，99.9%的乡镇都已通车；水利扶贫，贫困地区1亿多人口饮水安全问题得到解决，农村自来水普及率至2017年已提高到70%……上千万户贫困家庭走上了创富路。联合国开发计划署前署长海伦·克拉克称，中国最贫困人口的脱贫规模举世瞩目，速度之快也是绝无仅有的。消除贫困、共同富裕是中国人民朴素的愿望，中国正在践行着国家制度的本质要求。

“美哉，我少年中国，与天不老！壮哉，我中国少年，与国无疆！”

看到华理学子们用自己的表演来表达对祖国的热爱，想到祖国在一穷二白的基础上一步一步取得今天的成绩，“小花梨”相信我们每个人心中的爱国之情都已喷薄而出，为自己是一个中国人而感到骄傲！

（刊载于“小花梨”微信公众号2017年10月2日，转载自团中央学校部）

首届华服日来袭！当华理遇上华服，美得超乎你的想象！

华夏复兴　衣冠先行

始于衣冠　达于博远

“冕服华章曰华，大国曰夏。”三月初三上巳节（2018年4月18日），共青团中央发起首届“中国华服日”的活动，旨在唤醒和发扬根植于新时代年轻人心中的家国情怀。

“华服”所指是广义的中华民族传统服饰。汉服和少数民族传统服饰都是华服的“一员”。首届中国华服日的活动标识被设计为“交领右衽”，它是华服的重要象征。“着我汉家衣裳，兴我礼仪之邦。”相信“中国华服日”活动的开展，能让更多人领略华服之美。希望此次活动在推广华服文化的同时，更能激发起大家浓浓的民族情怀。

当华理遇上华服，又会碰撞出什么样的化学反应呢？

在传统女装袄裙中，有挂里的上衣被称为“袄”，无挂里的被称为“衫”，领型包括立领、交领、圆领等，袖形有琵琶袖、直袖等。袖口可加缘边，领子加护领，下裙多配马面裙或百褶裙。

对襟襦裙是由对襟直领的上襦和下裙组成的。对襟是汉服上衣的一种式样，对襟服饰的历史最早可以追溯至商朝。对襟样式为两襟相对，纽扣在胸前正中。

交领右衽是汉族传统服饰汉服的典型特征。交领是指衣服前襟左右相交。汉服系服装的衣襟一般是向右掩，称为右衽；中国古代一些少数民族服装是向左掩，称为左衽。

华理学子身着华服，以表达对传统服饰文化的崇敬之情。崇敬华服文化，但不拘泥于过去，而是紧跟时代步伐，让华服“活起来”。与华服一样，在这个时代，传统文化的传承需要我们的接力。文化瑰宝正在苏醒，我们要坚定文化自信，弘扬中华优秀传统文化。

在华理，有这样一群人，他们因热爱华服而相遇，以传承华服之美为己

（图片来源：“小花梨”新媒体工作室）

（图片来源：“小花梨”新媒体工作室）

任，用实际行动，实践对华服的热爱。他们就是华理国风尚观汉服社的社员们！想要进一步了解华服文化的同学们，可以加入他们的团队，以更深层次地领略传统文化的韵味哦！

华服之美，是否已经深深地震撼到了你？

“着我汉家衣裳，兴我礼仪之邦。”文化传承，需要你我参与。

（刊载于“小花梨”微信公众号2018年4月18日）

华理志愿者

——由志愿服务看当代青年的家国情怀

作为上海重点高校之一、青年精神发展的一大摇篮，我校在第一届中国国际进口博览会（简称“进博会”）期间号集百余名志愿者，全力为进博会提供最优质的志愿服务。

此次华理志愿者主要承担“虹桥国际经贸论坛 ”新闻中心相关志愿服务，为参展嘉宾的到访、行程安排做足准备工作，并完成嘉宾在场内外的接送引导工作。此外，华理也有多名受全英文专业课程教育的国际经济与贸易专业（简称“国贸专业”）学子加入进博会重要合作伙伴联合国国际贸易中心（ITC）志愿者中，为相关参展国家和企业提供专业与翻译支持。这百余名志愿者代表我们华理、代表我们华理青年，为进博会成功而有效的开展贡献了自己的一份力量。身为进博会亲身参与者的他们，对进博会、对自身与进博、对华理与进博有了崭新的认识。

我们借助一座座桥梁，打开了华理人对进博会全新的认知。

八年两会志愿情

“我觉得，现在的在校学生很多时候把注意力过多地放在了学习、考试等问题上，时间久了会逐渐减少对国家和世界的发展趋势等信息的注意。”身为化工学院在校博士生的张健如是说。张健在国家与青年的问题上非但没有表现出“死板”“两耳不闻窗外事”的特点，反倒一语道破了当下青年人的问题，并呼吁青年学子：“我们应当把自己的眼光放长远。”

2010年，世界博览会（简称“世博会”）在上海召开。刚步入大学生活未几时的张健敏锐地觉察到世博会对我们青年的重要意义，于是她立即转身投入世博会的志愿者工作中。

通过世博会时期参与志愿者工作的种种经历，张健认识到了自身以及青年与家国那非同一般的关系。时隔八年，与世博会相同重量级的盛会——进博会——在上海召开。张博同样第一时间报名参加了进博会的志愿者工作。

“我曾是上海世博会的城市志愿者，体会过参与其中的感受。”提及两大盛会的志愿者工作，张健的语气立马变得严肃起来，“这次进博会对中国未来的发展意义非凡，这样难得的机会我又有何理由舍弃呢？”

谈及参与志愿服务的缘由与心得体会时，张健的语气里明显多了几分激动与感悟。她将个人的志愿服务与国家大事联系到一起，并特别强调了青年在其中的意义：“积极参与志愿服务是一种服务社会、回报祖国的途径。”同时，张健也认为，这种意义并非单向的奉献，而是一种双向的、进步性的过程，她说：“只有真正参与其中的时候，我们青年才会重新感悟和思考自己生活在这么伟大的国家中是一件多么幸福的事。将眼光放长远也有助于我们树立更远大的梦想。在服务的过程中，我们能够体验到帮助他人的快乐和成就感，也能在服务过程中学习到很多在学校里学不到的东西。”

最后，张健也对我们学校的准志愿者、未来的志愿者们提出了期望：“希望咱们华理的进博会志愿者与以后的志愿者们都能铆足了劲儿，尽自己最大的努力做好自己分内的工作，发扬华理勤奋求实的精神。”同时，她也强调了团队合作、相互体谅对于志愿服务的重要性。张健认为，每场志愿服务活动都是一次成长与锻炼，这不单单是自身的成长，也是青年的成长、家国的前进。

父女共展商大事

“当周围的人在不断地抱怨现在年轻人的压力太大的时候，我总会疑惑，父辈年轻的时候，真的比我们轻松吗？可每当我看到，那些抱怨的人依然将大把的时间浪费在娱乐节目和游戏上时，我就觉得，他们无权代表这个时代的年轻人。”栗靓如是说。时代不同，赋予年轻人的使命也就不同。我们父辈那一代年轻人毕业时都是学校分配工作，工作易找，却不是自己所好；现在的年轻人有了可以选择自己未来的权利，却又有一些人开始抱怨别人的门槛高。对于这种现象，栗靓没有再做过多评论，而是不断地充实自己，朝着自己所向往的方向努力。

2018年，进博会恰好在自己就读的大学所在的城市举办。她果断报名参加志愿者工作，成了一名联合国国际贸易中心志愿者，而父亲作为专业观众参与了这次进博会。

栗靓说：“平常由于学业繁忙，很少能与爸爸互相分享对贸易和金融知识的见解，借助这次良机，我和爸爸在参展过程中探讨了有关人工智能、智慧医疗、服务贸易以及全球化趋势等问题。”

在栗靓看来，虽然每一代的年轻人都不容易，但这并不代表当今的年轻人应当失去志气。以往父亲同她交流时曾说：“科技、经济的高速发展让我们的生活发生了翻天覆地的变化，可是这些变化发生得太快，因而在满足人们丰富的物质生活需求的同时，也让人们的精神变得空虚——这对青年一代的考验是巨大的。”

“青出于蓝而胜于蓝，这是每一代年轻人都该有的志气。青年一代是祖国的栋梁，是祖国的希望，我们就应该展现出我们应有的风采。”栗靓坚定地说道，“作为ITC志愿者中的一员，这次志愿者工作可以培养我们国贸专业学生的国际化视野，能够使我们将所学的专业知识运用到国际贸易专业实践中，从而为祖国对外开放与全球贸易自由化和经济全球化做出力所能及的贡献。”

栗靓说，这次进博会是一次极佳的契机，可以锻炼自己的能力、增长自己的见识，也是一场难得和父亲共同参与的盛会。除此之外，她还能遇到更多积极向上的人们。

“你的身边是一群为了未来脚踏实地、努力奋斗的人，他们有老有少，眼神里都闪烁着光芒，这种感觉真的很幸福。”栗靓笑道，“他们的身上，或许就藏着我想要的答案。”

全寝迎战进博会

对长期热心于志愿服务活动的陶倩颖来说，这一次的志愿服务活动显得格外与众不同——与其说是因为进博会同国贸专业的对口，倒不如说是因为室友间的互相扶持。

陶倩颖说：“对于国贸专业的我们来说，进博会的志愿者工作是一次难得的历练机会。而且，我还有室友陪我一起参加志愿服务。”“当时，我只是在寝室里随口提起：‘我好想成为进博会的志愿者，可惜大家都忙，没人陪我报名。’她们就都跑过来说，要和我一起报名、一起努力。”提及这段回忆时，陶倩颖不自觉地笑了起来。

进博会志愿者的选拔不可谓不难。经过不懈的努力，陶倩颖和她的三位室友，即杨慧敏、董宇烁、樊艺欣一起，凭借自己突出的能力和良好的素养通过了选拔，进入之后的培训中。她们的积极性得到了学校的肯定。经由学院和校内各部门的调整，她们解决了志愿服务活动时间和期中考试时间冲突的问题。

在进博会的志愿者工作中，陶倩颖寝室四人共同服务于虹桥国际财经媒体和智库论坛。通过分享感悟，交流经验，合作完成一个又一个任务，她们之间的纽带也越发坚韧。

“能跟大家一起工作，一起成长，我觉得自己很幸运，也很幸福。”陶倩颖激动地说，“每天清晨，我们迎着日出出门，看着太阳升起，一起讨论接下来的培训任务，心里怀的是同一份希望和期待。相信从壮观的国家会展中心（上海）走出之时，那种幸福的感觉，未来将会成为我们共同的美好回忆！”

在接受采访的最后，陶倩颖表示，志愿服务活动带给她的已经不限于活动本身，而是在活动中升华的友谊。寝室四人一同做志愿者时，她特别能感受到那种互相分享的激动和喜悦之情。她希望华理的其他志愿者们也能像她一样，从志愿服务活动中收获到自己的友谊和幸福。

（刊载于“小花梨”微信公众号2018年11月8日）

关于《隐形守护者》的那些人、那个时代、那种信仰，你真的玩懂了吗？

在《隐形守护者》中，玩家化身为故事中的主人公肖途，从一个在街头奔走疾呼“抗日救国”的血气方刚的爱国学生，成长为一名有担当的地下工作者，不断地贡献着自己的力量……

《隐形守护者》的游戏体验让人惊喜万分，却更让人百感交集——革命少不了流血牺牲，但总有一种信仰，值得我们用生命去守护。

“牺牲不一定是抛头颅、洒热血，也可能是断情谊而保众生的果断决绝。”[①]哪怕是挚交好友，只要他背叛了革命、背叛了信仰，肖途就会毅然选择击毙其以保住地下组织的安危。

昔日柔情似水，而今日却犹如烈火，在战争中，战士们只能选择割舍个人情感，因为他们是更多人的英雄。

火光也许会带走纸质的留存信息，但人们热爱的东西却将永远延续。

---

① 出自今日头条问答——大家从《隐形的守护者》中收获了什么？

“胡蜂”肖途并没有因为自己的身份证明被烧毁而改变自己的信仰，他依旧潜伏着，直至寻找到组织。

“真正的信仰不是飞蛾扑火，而是世界黑暗时战士们心中的光芒。”①

生命可贵，情谊价高。逃生的机会近在咫尺，面对二选一的困难抉择，只要牺牲战友，肖途便可有绝对的生存把握，但他却把生路留给了战友陆望舒。

不是战士们不惧怕死亡，而是他们追求的是超出生命的价值。正是革命战士们的坚守才换来了人们今日的和平与安宁！

“孰知不向边庭苦，纵死犹闻侠骨香。”《隐形守护者》画下一个时代的素描，动荡的时代会塑造一些人，他们是那个时代的铁血英雄。

在国家存亡面前，一切儿女情长都要被割舍。儿女情长也许是葬送一个混乱的时代最无奈的殉葬品。

乱世之中，有人为了自保卑躬屈膝，有人为了钱财无所不为，有人为了实现心中的革命理想甘愿付出生命。

同样是面对敌人的逼迫，方汉洲选择开枪自杀，用自己的鲜血保护潜伏的中共地下党；而孙先生却为一己私欲出卖了同志，将宝贵的证明资料付之一炬。

“人生的道路有许多条，有些时候只差最关键的那一步，一步之后，便是殊途陌路。”②

生活在父母庇护下的方敏和顾君如，一个舍弃一切潜伏在敌人内部，另一个对前途迷茫，在父母的安排下投敌自保。

游戏中的主人公肖途在每一个场景中都有许多选择，无论是对是错，他都有重新回头的机会。可是，现实中时间不能倒退，生命无法重来。革命年代，无数的革命烈士牺牲了自己，牺牲了家人，却从未后悔。那是因为，他们在等待，等待着五星红旗冉冉升起的那一刻，当胜利的号角吹起，一切都已

①② 出自今日头条问答——大家从《隐形的守护者》中收获了什么？

值得。

中华人民共和国成立以来，国人从未忘记那些为国纾难、坚守本心的革命志士们。在那个国家和民族岌岌可危的年代，他们用鲜血和生命让革命的星星之火燃起了燎原之势！他们的牺牲将被人民铭记，他们的精神将永不凋零！

历史如同永恒的坐标，给人以启迪和指引。习近平总书记指出：伟大抗战精神，是中国人民弥足珍贵的精神财富，将永远激励中国人民克服一切艰难险阻、为实现中华民族伟大复兴而奋斗。今天的我们虽然不再经历血与火的生死之搏，却依然要努力为实现中华民族伟大复兴的中国梦贡献自己的青春力量！

（刊载于“小花梨”微信公众号2019年3月9日）

第三篇

成 长 成 才

在纪念五四运动100周年大会上，习近平总书记勉励广大青年练就过硬本领、锤炼品德修为。新时代为青年施展才华、竞展风采提供了广阔舞台的同时，也对青年能力素质提出了新的更高要求。当代青年学子要努力学习，掌握专业知识，提升内在素质与修养，从而锤炼过硬本领，适应时代发展要求，做优秀的青年人。

跨越5 476千米和海拔4 000米的318国道，见证最美的爱情故事

“5476”，只是一串简单的数字，但当人们对它寄托了情感之时，它也会变得温柔。这一串数字可以是一本上了锁的日记本的密码，也可以是一组验证码，赋予你使用某个软件的权限。

对于今天故事的两位主人公来说，“5476”（千米）是318国道的里程，也是两个人更加靠近彼此的一串幸福数字。李凯，华东理工大学药学院2018届毕业生，如今在西藏自治区日喀则市聂拉木县卫生和健康委员会工作。

2018年毕业后，李凯选择前往西藏日喀则。于是从318国道的起点——上海，奔赴318国道的终点——西藏自治区日喀则市聂拉木县。

李凯说，他想要的并不是日复一日的生活，而是不确定的远方。李凯选择前往西部的原因有三点：一是他喜欢挑战自我并憧憬着“在路上”的生活方式，不愿意循规蹈矩；二是他希望利用去西藏后多出来的时间来平衡理想和现实之间的关系；三是他来自西部、生长在农村，去西藏工作可以切切实实地发挥自己的价值。因此，李凯做这个决定几乎没有经过多少的犹豫

与挣扎——除了一通给家里的电话。接下来的问题就只需考虑怎么去与怎么做。

这样的抉择一如他刚进入大学时，在经历了短暂的迷茫和浑浑噩噩之后，他毅然决然地穿上军装奔赴军营，圆了他的军人梦。“游历在大街和楼房，心中是骏马和猎场，最了不起的脆弱迷惘，不过就这样。”《牧马城市》是李凯在前往西藏的路上一直单曲循环的歌曲。李凯喜欢的生活和感觉就像这首歌中所描述的那样，所以选择过后，他眼里所见便皆是美好。在西藏工作的第一年，李凯坦言自己过得并不容易，一个人的时候也会感到孤独和无趣。

2019年2月，李凯赶上了聂拉木县的暴雪——积雪达到了136厘米，县里断电断水，他被大雪困在家里，三天都没能出门。但这并不意味着那里的生活一直是枯燥而无味的。他在日喀则市的小酒馆，也遇见过用不太流畅的汉语和他聊天的藏民，喝完酒就添满，聊完天就一起唱歌跳舞，这就是那里的简单和纯粹。李凯说：“以前从未体会过这样的感觉。”而这一年中，他的女朋友也一直给予他陪伴和支持。

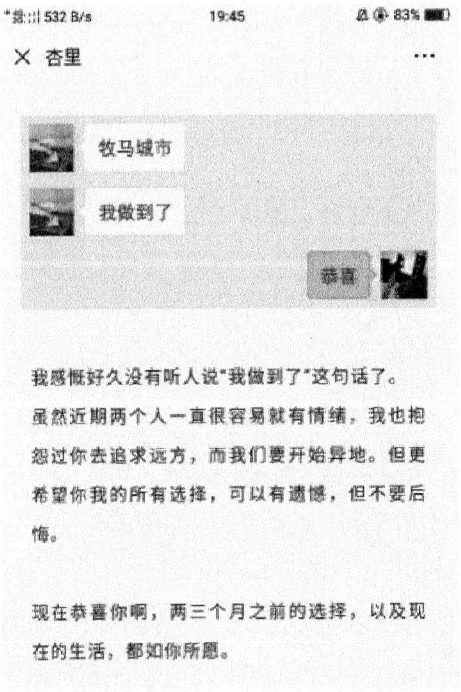

（图片来源：李凯[①]）

所爱隔山海，山海皆可平。

一年前当李凯决定前往西藏时，他征求了女朋友牛文利的意见，那时她就支持男朋友的决定。一年后，牛文利遇到自己的毕业季，她选择和男朋友一样，申请了

① 本图片已获得李凯的出版授权。

同一个服务计划前往西藏。因为同样生长于西部，因为热爱这片纯净的土地，因为日喀则市有“他”。

从聂拉木县去哪里都不方便，只要是去西藏外的地方，至少就需要花三四天的时间，汽车转火车、转飞机，舟车劳顿很是疲惫，但是这样的距离阻挡不住这对情侣相见的脚步，反而更加坚定了他们的选择——所爱隔山海，山海皆可平。

5 476千米的距离太遥远，牛文利每次来看望李凯，都需要在路上耗时三四天，但每一次来都让她更喜欢这片土地，也更坚定了她追随李凯的决心。每一次前来，她都会用相机记录这巍峨高山的皑皑白雪，记录这湛蓝天空下的牛羊成群，记录他们难得相处的甜蜜时光，她将这些定格的画面剪成了视频，送给李凯，配乐正是《牧马城市》。

视频的开始，两位主人公一个在上海，一个在聂拉木，然后镜头转向西安北站，再到拉萨，两个人的位置越来越接近，牛文利坐上了开往聂拉木县的大巴，她的第一句话是：“终于要见到他了！”

牛文利用文字悉心记录着两个人的点滴：那些生活中的琐事，因为有你，都变得不一样了。

这大概是爱情最好的模样。如果你决定了一件事，恰好又有人陪你，那么何乐而不为呢？去西藏对他们来说，并不像大多数人所认为的那样——是一场身体和心灵的净化之旅，而仅仅是选择了一种生活方式。不管是冲动、情怀，还是心里的远大志向，前往西藏日喀则也只不过是他们人生道路上的一部分，与留在大城市工作、读研并无两样——各有各的选择而已。

既然选择了远方，那就变成远方最美的“风景”。李凯选择坚守在日喀则，坚守在大风呼啸的高原。大部分游客去西藏会选择冰雪消融的夏季，他们所见到的雪域高原风光是拉萨的碧蓝天空和灿烂阳光，而在日喀则，只有两个季节，即冬季和“大约在冬季”。

从李凯所在的聂木拉县去日喀则市需要长达七八个小时的车程，相当于从上海去往合肥甚至更远，但在这漫长的车程中，李凯能够看到若隐若现

（图片来源：李凯[①]）

的雪峰、成群结队的牛羊和山间奔腾的河流。从平均海拔不到4米的上海来到平均海拔4 000多米的日喀则，李凯说："简单的工作有着非同寻常的意义，我们愿意坚守在这里。"他渐渐地开始将聂拉木县当作自己的第二个家乡，从318国道的起点来到终点，他很欣慰自己能扎根在这片土地，能在这片土地上发光发热。

全长5 476千米的318国道十分漫长但风景秀丽，从精致繁华的上海到雪山耸立的青藏高原，国道的两端是截然不同的生活。这条国道承载着千千万万个人的故事，其中就包括一对有情人一起奔赴西部、追求自由生活、相爱相守的爱情故事。

有一个人，和你志趣相投、追求一致，爱你，愿意陪你一起"疯"，人世间还有什么比这更幸福？"5476"，也是李凯与牛文利两个人爱情故事的见证。

（刊载于"小花梨"微信公众号2019年6月11日）

① 本图片已获得李凯的出版授权。

“上海最帅交警”华理制造，人帅心更美

从2005年起，上海市静安区北京路胶州路路口就有这样一个笃定的身影，无论是酷夏三伏还是严冬三九，他都一直坚守岗位，指引无数行人和车辆安全通过。认真的工作状态，俊朗的外表以及干净利落的动作，让他成为路口一道亮丽的风景线。然而，大家有所不知的是，这位“最帅交警”于1999年考取了我校生物工程学院食品科学与工程专业，是一位不折不扣的“花梨”榜样。下面，就让我们一起去看看这位人帅心美的华理校友的别样风采吧！

他是陈栋，上海市公安局静安分局交警支队五中队指导员。那一年，他24岁。也就是从那时起，陈栋有了一个来自民间的称号——“上海最帅交警”。

时光流转，十多年来，陈栋始终坚守在十字路口。在共青团中央主办的2016年“全国向上向善好青年”推选活动中，陈栋被评选为“爱岗敬业好青年”。

（图片来源：陈栋[①]）

生活中的陈栋总是面带微笑，他说：“我总是比较乐观的，来什么扛什么。”工作时的他则一丝不苟，非常严肃。穿上交警制服的那一刻，就意味着肩上扛起了责任，他总能迅速进入工作状态，以笔直挺拔的身姿坚守岗位，眼观六路。“无论在哪个路口，只要穿上警服，我就要对这里的交通畅通负责。”这是陈栋的誓言。

早晚高峰时段的北京路胶州路路口车流量很大，180秒的信号周期，陈栋至少要做72个指挥动作，移动60～80步，平均每2.5秒就要完成一个动作。2.5个小时站下来，他大约要做3 600个动作，移动步幅达3～4千米。

执勤之余，陈栋对路口和沿街的交通状况进行了观察与调研。他通过记录车辆通行情况，总结车辆通行规律，摸索出一套在上海这个大都市核心路口排堵保畅的“陈栋工作法”，使道路通行能力得到大幅提高，早晚高峰时

① 本图片已获得陈栋的出版授权。

段拥堵状况得到明显改善。"陈栋工作法"也因此被推广到全市。

谈及"爱岗敬业好青年"的荣誉，他说："我从来没想过自己能得到这项荣誉。看到名单里还有那么多优秀的人，向先进学习，做更好的自己，带出更好的团队，不让自己给公安集体丢脸就是我的目标。"

在全国的大街小巷，有无数和陈栋一样的身影，他们默默地工作，忠实地履行使命，用努力赢得赞许的目光，即便没有惊天动地的成就，也同样应该被"点赞"。陈栋心里明白，人们称他为"上海最帅交警"不是夸奖他的外表，而是赞他敬业的状态、为民值守的担当。"最帅"是群众对他工作的肯定，更是对所有交警的尊重和期待。"与所有默默奉献在自己岗位上的民警同志们一样，只有认真工作的民警才是最'帅'的民警。"陈栋如是说。

（刊载于"小花梨"微信公众号2017年1月15日，转载自共青团中央）

华理最美毕业演讲，“小花梨”听了两句眼泪就掉下来

（图片来源：高羽烨[①]）

2017年6月16日上午，华东理工大学的2017届毕业典礼现场，艺术学院的高羽烨同学作为本科毕业生代表发言，虽然口齿不太清晰，但她的发言却获得了全场热烈而持久的掌声，而她的故事更是让很多人感动得热泪盈眶。

这个先天失聪的23岁女孩，不但凭借坚强的意志完成了大学四年的全部学业，还获得了综合课程奖学金、国家励志奖学金、亚洲大学生

① 本图片已获得高羽烨的出版授权。

生肖文化创意设计大赛优秀奖、勤工助学工作奖、荣誉学生等多项荣誉,并收到了美国加劳德特大学的录取通知书。

从先天失聪、说话吐字不清到赴美深造,高羽烨用她自强不息的精神,完美地破茧成蝶。而她的故事也“刷爆”了华理人的朋友圈,大家纷纷表示被高羽烨同学的坚强所感动。

下面是高羽烨同学的演讲全文,每一句都是满满的正能量啊!相信大家看过之后,也一样能感受到她的坚强和华理人的精神。

各位老师、各位同学:

早上好,我非常荣幸能够在这里跟大家共度这个美好的时刻。我是一个聋人,我的发音有点儿不标准,但我会努力说好每一个字,请大家谅解。

我叫高羽烨,来自艺术学院,今年8月,我即将赴美留学深造。从先天失聪、说话吐字不清到赴美深造,我明白,这大学四年的生活是我人生中最重要的经历。感谢我的父母,他们专程赶来观看他们最疼爱的女儿的毕业典礼;感谢我的母校——华东理工大学,对一个特殊学生的接纳和包容。我先天性失聪,学习说话是非常困难的。求学路上,我被拒之门外很多次,但华东理工大学以宽广的胸怀接纳了我,教我学习科学知识,帮我成长成才,这种恩情我将铭记一生。感谢我的老师们!我至今清楚地记得,辅导员帮我过生日的情景。我至今清楚地记得,由于听力障碍,课后我追着老师请教问题的情景。是你们不厌其烦地手把手地教我,才有了我今天的些许成绩。我至今清楚地记得,学校各个岗位上的老师对我这个特殊学生的关爱,我能从你们的身上感受到华理的胸怀,从你们身上学到华理人的精神。

如今,我即将带着华理精神离开母校。记得刚入学的时候,老师让我们给四年后的自己写一封信,我写的是:四年后的我是一个坚强、有个性、爱挑战的学霸,希望能说好每一个字,克服每一个困难,努力实现每一个目标。然而,在大学一年级,我就“挂了”一门课,而补考时间和疼爱我的亲人的出殡时间冲突了,这段痛苦的经历警醒了我,时刻提醒着我:切勿懈怠。从此以后，我格外珍惜学习时间，向老师、同学们请教。大家可以想象一下，由于听力障碍，我必须花数倍的时间和精力来努力学习。到了今天，我可以自豪地告诉四年前的我，告诉我的亲人、老师和同学们，我做到了！

这四年，我们一同品尝过美味的华理红烧肉，欣赏过雅致的华理通海湖。我很开心能与你们共同回忆在华理的点点滴滴，也很自豪华理学子通过这四年的努力和拼搏，变得越来越优秀。不管是四年后还是十年后，我们会变成什么样的人，希望我们带着“勤奋求实，励志明德”的华理精神，为社会创造价值、做出贡献，以此回报母校，回报祖国。最后，祝大家毕业快乐！祝老师身体健康！祝母校蒸蒸日上！谢谢！

“小花梨”相信，高羽烨同学的演讲已经激起了你前进的动力，榜样就在我们的身边，羽烨学姐的故事也将会一直激励着华理人一路奋斗，不断前行！

（刊载于“小花梨”微信公众号2017年6月17日，转载自澎湃新闻、“华东理工大学”微信公众号）

颜值爆表、才华横溢，揭秘华理的女神老师

语笑嫣然、气质温婉——外国语学院高攀老师的回眸一笑，吸引了无数学生。而嫣然一笑的背后，更是无数的辉煌事迹：学生时代获得“全国三好学生”称号，英语专业八级考试考出至今校史无人能超越的历史最高分，被保送到复旦大学读研究生，成为华理教师后指导的学生在国内外各类赛事中屡获佳绩……高攀老师的履历，已经无法用“优秀”二字来形容。

（图片来源：华理新闻网）

以下是高攀的部分经历：2007年获得“外研社杯”全国大学生英语辩论赛全国总决赛季军，2008年参加亚洲英语辩论赛，2010年于复

旦大学硕士毕业，2016年担任“外研社杯”全国大学生英语辩论赛华东赛区总决赛评委。

高攀参加工作前已在华理求学多年，是华理外国语学院英语系2007届毕业生。学习英语是她一直以来的爱好，在课业繁重的中学时期，她甚至会借助英语习题缓解压力，她对英语的这份热爱也奠定了她以后的事业基础。

凭借着对自己实力的自信，高攀刚步入大学就报名参加了英语演讲比赛，并且第一次就荣获学校二等奖。凭借着老师们课下不求回报的训练指导和自己下足苦功的努力，她不仅提高了自己的英语水平，而且使自己的演讲技巧日益精进。

大学三年级（简称“大三”）的时候，高攀接触了英语辩论，不同于孤军奋战且以触动观众为首要目标的演讲比赛，对语言能力要求更高，也更能锻炼思辨能力的辩论比赛引起了她的兴趣。随后她就跟着指导老师“南征北战”，甚至远赴孟加拉国参赛，在一次次比赛中锻炼自己、提升自我，因此她在大四的时候就获得了“外研社杯”全国大学生英语辩论赛全国总决赛季军。

2010年，高攀回到华理任教。她开设了“英语听力”“英语辩论”“中国文化”等课程。因为她只任教英语专业的班级，所以很多人都因为没有机会上她的课而感到遗憾。

在高攀所教的听力课上，学生既不是根据限定教材“死记硬听”，也不是中规中矩地进行听力训练，而是经常会围绕时下热点进行讨论。她也会时不时地利用自己的幽默天赋来活跃课堂气氛，枯燥的听力课在她的引领下变得“魅力十足”。虽然准备新颖的教学素材费时费力，但高攀认为，“能让学生受益就值得”。

学生时代就曾获得过“外研社杯”全国大学生英语辩论赛全国总决赛季军的高攀，回到华理任教后，依然不忘发挥自身特长，鼓励、带领学生通过英语演讲和辩论来提升自我。她认为，辩论和演讲需要参与者拥有扎实的语言基本功，而参与者通过辩论和演讲也能更好地提高英语能力。

6年的时间里，她所指导的学生在各类国内外赛事中屡获佳绩。让她骄傲的是，学生在参与辩论的过程中，不是仅仅停留在如何赢得比赛，而是能反观自身的优势和劣势，以进一步提升自己。

1998年，华理外国语学院的教师就开始指导和带领学生参加英语演讲、辩论等比赛，随后成立了英语演讲小组，并于2008年成立了英语演讲与辩论中心。而高攀正是从英语演讲与辩论中心前负责人颜静兰教授的手中接过了这一接力棒。

成立英语演讲与辩论中心，就是为了让更多的学生参与进来，特别是为非英语专业的学生提供一个平台，提高他们的英语综合能力和思辨能力。高攀与其他指导教师一起，在原有英语演讲与辩论中心的基础上，成立了学生演讲与辩论协会，作为指导老师的她，除了负责学生们日常的培训和演练工作外，还坚持在每周四中午为学生提供针对性指导。

（图片来源：华理新闻网）

在担任2010级英语专业104班班导师的日子里，高攀始终坚持与学生平等对话，努力发现每个学生的长处。面对问题时，她从不批评任何一位同学，而是尝试去挖掘他们身上不一样的闪光点，来强化优势，弱化不足。

高攀善于激励学生，因为她认为学生只有获得了一定的成就感后，才会有动力继续学下去，她的教学方法也改变了许多学生。对于高攀来说，无论是教书还是比赛，无论是担任班导师还是指导老师，最终的目标都是助力学生的成长成才，这是作为一个老师的责任。

高攀在英语学习方面为学生们总结出了很多简单有效的技巧。

技巧一：选择一部好的适合学英语的英文电影或电视剧反复观看，所谓的“好”是指经过精心挑选的。首先，电影的背景最好是发生在现代的，较有生活气息的。其次，电影或电视剧中的演员最好是有过良好教育背景的，这样有助于同学们了解最原汁原味的英语发音。但很多同学都会觉得平时也没少看美剧、英剧，好像也没有什么作用。因此高攀建议同学们“与其看百部电影、电视剧，倒不如把一部优秀的电影或电视剧多看几遍”。如此一来，同学们可以更加有针对性地掌握这一部电影中的英文词汇，这其实是更好的学习方法。

技巧二：在平时的听力与阅读中积累词汇。高攀笑称自己其实记英语单词并不是靠单词书的帮助，更多时候是靠平时的听力与阅读练习积累高频词汇。她认为，这也是可以推荐给学生记英语单词的好方法。很多学生可能觉得一直盯着单词书记忆十分枯燥，因此高攀建议同学们不如多利用平日里的机会，好好积累高频词汇，扩大自己的单词量。

技巧三：抓住讨论交流的机会。在英语课上，同学们应该多多利用自我表达的机会，这不仅能够锻炼自己的胆量，更重要的是能够锻炼自己的英语口语。高攀在演讲和辩论方面有着丰富的经验，在课上总是让同学们也有练习讨论的机会。她认为这样有助于提高同学们的口语能力，同学们通过口语练习，能够很好地锻炼自己的英语表达能力与思维逻辑性。

技巧四：找到适合自己的学习方法。很多同学可能有这样的困惑，认为自己学习英语虽然很努力，但就是怎么也学不好。高攀认为，适当地转变学习方法也是很关键的，很有可能你的学习方法早已出现问题，但你一直没有发觉，还一直坚持使用你的错误方法。因此，当你觉得无法提高英语水平时，何不转变一下思维方式，换一种全新的学习方法，找到学习英语的兴趣点，这样慢慢地，你的英语表达能力等就会有所提高。

“美丽的外表千篇一律，有趣的灵魂万里挑一。”遇到高攀这样既美丽动人又多才多艺、认真负责的老师，对每个学生来说，都是幸运的。

（刊载于“小花梨”微信公众号2017年4月16日）

优秀！回归校园的帅气兵哥哥拿了专业第一！

穿上军装，他是一名严于律己、满怀报国豪情的“优秀义务兵”；回归校园，他是一名勤奋求实、脚踏实地的优秀学生。德智体美劳全面发展，有颜值、有气质、有志气，是大学生也是军人，他就是我们“伊卡斯特军团”副团长——方文明。

（图片来源：方文明[①]）

“每一位少年都有一个绿军装的梦。”方文明也不例外。读完大一后，他便毅然选择投身国防，成为一名光荣的中国军人，将最美的青春献给了边疆。初入军营，方文明的身体素质还比较弱，但他凭借着超凡的毅力和对那身军装的热爱，

① 本图片已获得方文明的出版授权。

坚持利用休息时间给自己加训，高强度的训练让他从最初那个文弱的学生成长为一名真正的军人，原本白皙的脸庞也变成了古铜色。提及参军的初衷，方文明说道："只有富国强军，才能实现中华民族伟大复兴的中国梦。"他认为，个人是小我，祖国是大我，小我的前途理想与大我的繁荣昌盛密不可分。青年学子要把个人理想融入祖国的发展与富强之中，把小我融入大我，与时代同进、与人民同行。"以身许国"，让自己最美的青春绽放在祖国大地上，这是他作为一个新时代青年的远大理想。

军队里的训练生活是艰苦的，也是危险的。在一次战备演练中，方文明被突然倾倒的装备砸中了右膝盖，致使右膝关节前交叉韧带撕裂及内侧副韧带断裂。由于伤情严重，他被评定为八级伤残，但接受治疗后他仍坚持战斗在一线，以"我的岗位我负责，我的站位零差错"为标准，认真地完成了每一项任务。

退伍后，方文明又全身心地投入学习之中。两年没有上过课的他，每天泡在图书馆里"啃书"，大一和大学二年级（简称"大二"）的课程一起学。"只要思想不滑坡，办法总比困难多"，他是如此坚信，也是如此践行的。凭借着他在军旅生涯中磨炼出的韧性，方文明最后不仅赶上了学习进度，以专业第一的好成绩获得了优秀奖学金特等奖和国家奖学金，还被评为2018年度"上海市优秀共青团员"及2018年度华东理工大学"大学生年度人物"。作为一名材料专业的学生，方文明的理想是致力于军工材料的研究。他刻苦学习而获得的专业知识不仅为他打牢了理论基础，也激发了他的研究热情。

拥有军人和大学生双重身份的方文明认为自己有责任将两者结合起来，把军营氛围带进校园。于是他参与创立了华东理工大学第一个军事类社团——"伊卡斯特军团"，该社团与大学生话剧社一起自编自导自演了一部军旅题材话剧《金珠玛米》。同时，他还担任了上海中学的军训教官，用军人的纪律和精神言传身教。

作为一名优秀学生和班干部，方文明经常热心地帮助同学们解答问题，还和班委一起制订“学习小组”计划，将提高全班同学的成绩作为自己的责任。同学们亲切地称呼方文明为“老方”“方哥”，这是对他付出的肯定，也是对他的热情与责任心最朴实的夸赞。方文明是一个从贫困农村走出来的孩子，每学期期末放假回家后，他都会主动辅导村里孩子们的功课；回学校时，他会利用休息时间去蒲公英小学支教。他还积极参与学校的无偿献血活动。

这就是方文明，尽自己所能去帮助有需要的人，尽自己所能去探索无止境的前方，尽自己所能去弘扬永不消逝的军魂。

方文明从军时一丝不苟地完成任务，用行动践行矢志报国的坚定信念。回到校园后，他踏实学习，钻研军工材料，立志用科研成果助力国防建设。他的行动完美地诠释了军人的本质和责任，更体现出新时代中国青年树立的远大理想。

（刊载于“小花梨”微信公众号2019年5月18日）

是她陪伴我们走过大学最重要的岁月

作为首批入驻华理奉贤校区的宿舍管理员（简称“宿管”）之一，魏贤平阿姨与奉贤校区已经一起度过了十载春秋。

时过境已迁

魏贤平是奉贤本地人，从小便在奉贤区营房村长大，真正见证了奉贤校区的变迁。谈到奉贤校区的过去，魏阿姨满是感慨和回忆。她说，奉贤校区这一大块地方原本是盐池，后来她长大了，奉贤区海思路这一片又全变成了虾塘，除了附近的村民，基本没有其他人。直到华东理工大学决定在海湾建设奉贤校区，这一片地方才开始慢慢地发展起来。

奉贤校区自投入使用起，学校就面向社会招聘宿管阿姨。学校挑选宿管的标准很严格，要求应聘者先参加各类服务学生的严格培训，再通过相关考试，最后才能正式进入学校工作岗位，为同学们服务。魏阿姨在奉贤校区建成伊始就来到了学校。当时奉贤校区虽然已经被投入使用，但是相关的配套设施还不完善。魏阿姨笑着说:“十年前,奉贤校区的宿舍楼一共只有12栋,所以管理起来可比现在容易多啦!”

一年一年地看着体育馆、大学生活动中心、二食堂、新宿舍楼等新建筑物拔地而起,魏阿姨表示自己真心为奉贤校区变得越来越好而感到欣慰。

境迁人未变

聊起自己工作上的事,魏阿姨更是有说不完的话。她说,刚开始的时候自己只需要在白天值班。但是随着学校建设的不断推进,入驻奉贤校区的学生越来越多,宿舍楼就需要更多的宿管阿姨值夜班。值夜班很累,要通宵在岗执勤。因为一开始愿意值夜班的宿舍管理员比较少,所以最后魏阿姨主动要求上夜班,成了学校黑夜中的守护者之一。

晚上天黑人又少,突发情况也会更多。最开始宿舍里发生突发事件时,魏阿姨坦诚地表示,自己也会有些措手不及,但这么多年过去了,她也积累了很多经验和心得,知道如何应对各种状况。

几年前的一天夜里,正在值班的阿姨突然听到了宿舍楼里传来了烟感报警器发出的火灾警报声。吓得她赶紧冲上楼去看看是什么情况。等她到了传出警报声的楼层,找到了触发烟感报警器的宿舍,眼前的场景却让她有些哭笑不得。原来,是宿舍里几个同学用电磁炉吃火锅产生的烟雾触发了烟感报警器。这几个吃火锅的同学还有点儿“小聪明”,知道宿舍里有烟感报警器,所以是在阳台上吃的火锅,但是他们没想到,即使是在阳台上吃火锅,烟感报警器也会感应到。虽然是虚惊一场,但是这几个在宿舍里吃火锅的同学还是受到了教育和惩罚。魏阿姨提醒大家:在宿舍用大功率电器真的很危险,同学们不要抱有侥幸心理,真出了事后悔也没办法了。

魏阿姨还谈起了她们每天的工作。每个宿管阿姨在上班时都要穿工作服,需要在放学等时间段站在宿舍门口向同学们问好,并尽量记住每一个同学的寝室号和名字。交接班时,要看看前一位宿管阿姨的值班记录,看看前一段时间发生了什么事,今天需要做什么,有没有需要帮助解决问题的学生，等等。记录学生家长、维修人员等的进出时间，然后不定期检查宿舍的卫生。在女生宿舍楼的宿管阿姨还要陪着维修人员进出寝室。遇到有推销或者发传单的人员时，要及时将他们请出。

来年景更好

说起十年来学生的变化，魏阿姨提出，近年来学生们的自理能力有所下降，感觉没有十年前的学生那么独立自主，但是同学们都很知书达礼，会和宿管阿姨们主动打招呼、聊天。无论是进出宿舍还是寻求帮助，同学们对阿姨们都很有礼貌，脸上也始终保持着微笑，阿姨们觉得很暖心。魏阿姨说，其实宿管阿姨们都很乐意与年轻人沟通和交流，倾听大家的故事，为大家排忧解难。大家有事没事都喜欢和阿姨们说说话、唠唠嗑。

最后，魏阿姨给华理学子们送上了自己的祝福：无论是生活还是学习，无论是在校还是已步入社会参加工作，愿我们的华理学子都越来越棒，越来越出彩！为祖国的发展建设添砖加瓦，在自己的人生道路上也能够一帆风顺，勇往直前！

正因为有数百位像魏阿姨一样尽职尽责的后勤职工们，我们才能在这里愉快地生活和学习。谢谢每一位辛勤付出的人，你们辛苦了！

（刊载于“小花梨”微信公众号2017年11月8日）

十年风雨，携手共进，“亲切教授”颜静兰的奉贤故事

从徐汇校区到奉贤校区，再到奉贤十年，外国语学院颜静兰教授与奉贤校区有着割舍不断的情谊。

（图片来源：“小花梨”新媒体工作室）

撷桃采芝气自华

“娴静雅洁，暗涌兰芳”，这是记者对颜静兰老师名字的解读，而在采访中的颜老师，不仅端庄优雅，还幽默风趣、和蔼可亲。

情系华理道平常

颜老师在华理执教35载，从徐汇校区到奉贤校区，培育了一批又一批华理学子。但回想起来，她对十年前刚启用时的

奉贤校区仍是记忆犹新。"那时奉贤校区的交通不太方便。" 相较于徐汇校区周围的店铺林立，车水马龙，颜静兰这样形容十年前的奉贤校区，"奉贤校区的校车班次少，商店少，没有徐汇校区热闹。" 十年前，奉贤校区从淤泥滩涂上平地而起，虽然校区占地面积大，但地理位置偏僻，仍然让师生们不太适应。

经过十年的发展建设，如今我们所见的奉贤校区已是另一番风貌了。"饭食的种类越来越丰富，住宿条件越来越好，校车班次越来越多。" 谈起奉贤校区十年间的变化，颜静兰滔滔不绝。除了提高全校师生在食、住、行等方面的生活质量，奉贤校区的教学设备也在不断完善，为教师配备个人专属话筒，实现"一师一麦"，空调相继投入使用。此外，学校还完善了供师生座谈聊天的咖啡屋等配套设施，努力给华理的莘莘学子营造舒适的学习环境。正是学校的全力建设和老师们的全心投入，才有了奉贤校区今日的模样。

谆谆教诲芳满遍

谈及奉贤十年，许多往事仍历历在目，但作为一名奋战在教学一线的教授，颜老师打交道最多的还是学生。颜老师回忆起，曾有一位勤学好问的学生，在课后常常向她请教问题，有时也会与她探讨人生的意义、学习的意义。颜老师有时因为解答问题，与学生聊到很晚，赶不上回程的校车，因而常常要留宿奉贤。得知颜老师留宿，该学生甚至还会追去请教，其诚心让颜老师记忆深刻。十年来，奉贤与徐汇校区间往返的校车班次不断增多，教职工和学生们的出行也变得更加方便。即使留宿在奉贤校区，颜老师也是极为乐意的。奉贤校区有清新的空气、丰富的绿植，她常常在校园里散步，校园里的一草一木，也见证了颜老师十年的辛勤付出。

颜老师的英文读报课开设已近二十年，始终是公选课中的"明星课程"，"教会学生如何真正地掌握英语" 是她的初衷。她说，现在很多学生认为学习英语就是背单词，结果连一份报纸也不会读，而她要让学生学会将所学的英语运用到实际的阅读当中去，联系上下文，全面深刻地理解文章含义。在奉贤这十年间发生变化的不仅是校区本身，还有教师们的教学方法。因为时代变化，如今同学们从网络上就可以获取大量信息，教师们也紧跟时代潮流，及时更新自己的知识库，不断学习，因材施教。

令颜老师感触很深的是，一位化学工程的同学在大学期间一直听她的读报课，毕业那天，那位同学穿了硕士服专门来到奉贤校区听了他学生时代的最后一节读报课，还在课堂上告诉大家，颜老师的读报课使他的英语水平得以进步、知识面得以扩展，并在课下和颜老师留影。

十年来，外国语学院与奉贤校区一起成长，在诸多方面取得了卓越的成绩。奉贤校区更是涌现出一批新教师，他们的加入为学生们提供了更多的学习指导，使学生们能够将自己的学习所得通过各类竞赛全面地展示出来。

感念十年变迁不易，我们期望华理学子们能够珍惜奉贤校区优质的教学资源，更加积极主动地去参与各项活动，拓宽自己的视野，合理地将自己在华理所学的知识运用到实践中去；在“一带一路”倡议的感召下，同学们要学会发出“中国声音”，做移动着的“中国名片”。十年来见证了奉贤校区成长与变迁的颜老师表示：真诚地期盼华东理工大学能保持优良淳朴的学风，培养为国家、为社会做贡献的英才，在未来不断谱写华丽篇章！

（刊载于“小花梨”微信公众号2017年10月19日）

相依相伴，共同成长，“老团干”陈庆升的奉贤故事

陈庆升，中共党员，华东理工大学商学院团委书记，上海市优秀共青团干部。陈庆升自参加工作以来，一直深受同学们的喜爱，同学们不管是生活上还是学习上遇到困难，都喜欢去找陈庆升倾诉。他曾被评为上海市暑期社会实践优秀指导教师、校优秀专职团干部等。

新竹高于旧竹枝，全凭老干为扶持

如果要用一个词语来形容陈庆升，那么这个词语一定是儒雅。与陈庆升交流时，他抑扬顿挫的声音让人如沐春风，谈吐间也时时让人感受到优雅的风度。

陈庆升来到奉贤校区已经快十年了，当回忆起初至奉贤校区时的情景，他满是感慨。当时的奉贤校区虽然大气、崭新，但因为地处偏远，很多教师和学生初至奉贤都有些不适应，工作和学习上也有很多的困难。为了确保新校区学生们的学习、生活安全有序，学校安排了辅导员们值班、听课，做好

（图片来源：陈庆升[①]）

学生的心理工作；同时，学校不断努力地完善校园的基础设施建设，改善新校区的交通条件，力求让新校区的所有人都能够尽快适应新环境。

当被问到十年中奉贤校区最大的变化是什么的时候，陈庆升脱口而出：“当然是学生们的归属感了！”他说，奉贤校区大一、大二两个年级的大部分学生对徐汇校区很向往，恨不得马上就到大三，能早点儿离开奉贤校区（当时大部分学院的学生是大三就需要搬到徐汇校区学习）。但是后来大家的观念慢慢地有了转变，在认识上发生了质的变化，慢慢认同了我们的奉贤校区，把这里当成了自己的“大本营”。每到毕业季，很多学生会穿着学士服回到奉贤校区拍照，毕业生们流露出了对奉贤校区的恋恋不舍之情。

谈到自己过去十年的工作时，陈庆升也有很多心得。他觉得作为一名大学教师，最重要的就是要“陪伴”学生。老师是一个引路人，要做的是陪伴、关照和服务学生，与学生多沟通、多交流、多互动，引导学生铸就坚定的理想信念，掌握丰富知识，培养高尚品德。陈庆升很喜欢和学生们接触，与学生们一起讨论事情，解决问题的时候，他觉得自己充满了活力。陈庆升感慨在奉贤校区的十年，自己收获了很多。对他来说，刚开始在商学院团委工作时，最大的挑战就是对工作内容并不是特别熟悉，但他还是迎难而上，一

① 本图片已获得陈庆升的出版授权。

心想要做好。于是他开始扎根奉贤，扎根团委，逐渐地进入了角色，熟悉了团委工作内在的逻辑体系，不断地在工作中学习和进步。陈庆升的工作能力也越来越出色，并获得了上海市优秀共青团干部的荣誉称号。

下年再有新生者，十丈龙孙绕凤池

陈庆升对奉贤校区和华理学子的未来有很多展望。陈庆升说，奉贤校区已经建成十年，十年间人来人往，留下了数不尽的美好记忆。以后的日子里，他希望奉贤校区能够更加美丽，为同学们创造最舒适的学习环境；教师和学生们能更加努力，让奉贤校区的科研氛围更为浓厚，用更好的学术实力来为华理代言！

对新时代的华理学子们，陈庆升也提出了自己的看法。十年转眼即逝，时代的变化很快，陈庆升希望华理学子们在学习的过程中可以要求自己做到知识结构多元化，不仅要学好自己的专业知识，对其他专业的知识也应有所涉猎。比如，商学院的同学就应该把自己所学的商业知识和科技知识应用到实践中去，使自己成为知行合一的经管人才。在为人处世上，他希望华理学子们一定要有自信，相信自己能够应对困难，同时对自己的责任感和领导力应该有更高的要求。

最后，陈庆升给华理送上了自己的祝福：“都说十年树木，如今木已成材。我为奉贤校区十年来取得的成就感到骄傲和自豪，但一切不会就此停滞不前。愿华理的师生们都可以更加自信，敢闯敢拼，期盼学校与师生们都越来越好，更有底气！”

（刊载于“小花梨”微信公众号2017年10月15日）

华理"小叶子"们的进博会故事

他们的一次指引，能使各国嘉宾感受中国温度；他们的热情服务，诠释了当代青年的青春风度；他们的一抹微笑，展现了上海大学生的靓丽色彩。他们就是我们引以为傲的华理"小叶子"，在他们忙碌紧张的工作背后，感动与温情也从未缺席。

2018年11月的他们，目睹凌晨5点的海思路，看遍深夜子时的海泉路。他们，披星而出，不辞辛劳；他们，以我青春风采，建功进博盛会。未待破晓，深夜笼罩，志愿服务活动期间，总有那么一群身着红色"花梨"定制卫衣的"小花梨"，在等待着早出晚归的志愿者们。用热腾腾的早餐开启一天的征程，用暖洋洋的热水涤荡一天的疲倦。"今天也要加油呀""辛苦了，我们在这里等你"……只言片语，留下的是无言的感动……

"谢谢华理，谢谢老师，谢谢同学，让我在最好的年华遇到你。"华理"小叶子"如是说。2018年11月5日，是首届进博会开幕的日子，华理的两名"小叶子"朱弈秋同学与陈子阳同学在这一天也收到了临时团支部送给他们的礼物——一场集体生日会。陈子阳同学在谈及这场集体生日会时说道：

“看到桌子上的蛋糕其实也没反应过来这一环节要干啥，傻乎乎地站在旁边，突然就被身边的同学祝福生日快乐。震惊和不知所措之余，更多的是感动和感恩。”而朱弈秋同学反复提到的是“惊喜”与“感动”这两个词语，正如她所言，原本普普通通的生日，因为进博会的开幕，所以被赋予了更深刻的意义，也变得更加难忘。

进博会志愿者要通过层层筛选，最终代表华理服务进博会的百余名志愿者可谓佼佼者。在这些志愿者中有一对情侣，他们就是林家辉和陈丽春，来自国贸专业160班的大三学生，林家辉担任的是馆内翻译工作，而陈丽春担任的则是馆外接待服务工作。作为情侣志愿者携手服务进博会，两名同学分享了他们参与此次志愿服务的初心：首先是作为大学生，希望能为进博会贡献自己的一份力量；其次这也是一次难得的实践机会，可以见见世面，结识更多优秀的人，将自己学到的专业知识运用到实践中去。

在“山的那边，海的那边”有一个和谐的寝室女团，她们开朗又热情，她

（图片来源：华东理工大学商学院）

们随和又谦逊，她们携手并肩，一同成为华理服务进博的一道靓丽风景线。在首届进博会的志愿服务工作中，来自国贸专业160班的陶倩颖、杨慧敏、董宇烁和樊艺欣四名同学光荣上岗，共同成为服务于虹桥国际财经媒体和智库论坛的“小叶子”。从举牌接机，为嘉宾引路，指导嘉宾签到，到带领嘉宾到指定上车点，她们为志愿服务工作尽心尽力。

2010年，上海成为中国第一次举办世博会的城市，当时还是本科生的张健作为一名世博会志愿者，在地铁8号线人民广场站咨询台进行志愿服务。通过这次志愿服务活动，她体验到了帮助别人的满足感，也感受到了“被需要”的幸福，由此开始了一段跨越8年的志愿情。

2018年，首届进博会花落上海，即将博士毕业的张健作为服务队中的“大姐”，除了完成自己的服务工作外，也为志愿者们的后勤保障工作付出了努力。她主动承担起进博会研究生志愿者的人员联络和车辆安排等工作，还常常与其他志愿者交流，向他们分享自己在志愿服务工作中的经验。

谈到两次国际盛会的志愿服务经历时，张健表示，除了在课堂上和实验室里学到的理论知识，在志愿服务中一样可以获得成长——比如，提高自己从不同角度考虑问题的能力、与人沟通交往的能力等。

进博会的成功举办，离不开每一位工作人员以及志愿者的辛勤付出。作为一名进博会志愿者，华理大三学生郑宇恺投身于虹桥国际财经媒体和智库论坛的保障工作中，而他的父亲身为一名交通警察，也在进博会期间为保证交通秩序与安全坚守岗位。

虽然进博会期间放假调休，但郑宇恺和父亲选择了在不同的岗位上为进博会的顺利开展共同努力。一位在机场迎接国内外嘉宾，展示了当代上海大学生的精神风貌；一位在道路上管控交通，为保障道路畅通和维护交通秩序做出贡献，真可谓“上阵父子兵”！

在谈到和爸爸一起为进博会助力的感受时，郑宇恺表示，作为一名国贸专业的学生，他深知进博会作为2018年中国主场外交的收官之笔，对中国未来经济贸易发展的意义巨大。首届进博会在上海举办，也是上海人的骄傲，能为这个他成长的城市增添色彩，他从内心里感到高兴和自豪。身为人民警察和共产党员的爸爸从小就教育他要时刻想着别人，把帮助别人当成一件光荣的事。已经成为预备党员的他也时刻要求自己要走在志愿服务的最前列，为人民服务。

虽然首届进博会的志愿服务工作已经结束，但每一位华理人都会继续和华理“小叶子”一起，带着华理的志愿服务精神，积极参与每一次志愿服务工作，共同打造华理志愿服务的靓丽名片！

（刊载于“小花梨”微信公众号2018年11月8日）

第四篇

华理那些事儿

增长知识和见识是时代新人实现全面发展的重要基石，华理人在增长知识和见识上下功夫，举行第九届模拟联合国大会，华理乒乓人才辈出，亚运会上精彩夺冠，各类竞赛屡获佳绩。华理人积极拓展发展平台，开阔视野、面向社会，增长知识和才干，锤炼专业本领，展现华理人的优秀风采。

厉害！联合国秘书长向华理发来贺电！

2018年5月25日至5月27日，华东理工大学第九届模拟联合国大会在奉贤校区举行。据了解，这场会议聚焦时下国际和地区的热点问题，就联合国安全理事会改革、数字时代青少年权益、朝鲜核问题和新一代移动通信技术（5G）国际合作等问题展开了探讨。

5月25日下午，华理第九届模拟联合国大会开幕式在华理奉贤校区敬贤堂举行。此次大会还收到了来自联合国秘书长安东尼奥·古特雷斯的贺信和祝贺视频，与会代表们一起观看了来自这位特殊客人的祝福视频。

在视频中，安东尼奥·古特雷斯先生表达了对年轻人的期待并送上了对此次大会顺利召开的祝福。

安东尼奥·古特雷斯先生赞扬各位与会代表通过模拟联合国这个平台表达自己对世界和平、可持续发展等问题的思考。当今世界是个开放的世界，我们有了越来越多的机会去进步和发展，我们有17个可持续发展的目标；然而武装冲突、气候变化以及极端民族主义仍旧威胁着世界的正常发

（图片来源：华东理工大学模拟联合国协会）

展。显然，仇恨只会带来更多危机，只有对话合作才能解决各种冲突，因此，人们应该站在多边主义的角度，思考更多的解决办法。最后，安东尼奥·古特雷斯先生还赞扬青年人的潜力是世界发展的动力，他认为世界应该多多倾听青年人的声音。

实际上，这次已经不是华理第一次收到“正球级”干部的贺信了。

2015年11月27日至11月29日，由中国联合国协会主办、华东理工大学承办的第十二届中国模拟联合国大会在华东理工大学徐汇校区举行，时任联合国秘书长潘基文向大会发来贺信，对大会表示支持。他在信中表示，世界需要青年学生的积极参与，并敦促青年们在该次中国模拟联合国大会中努力学习知识和外交技巧等。

两次收到来自联合国秘书长的贺信，厉害了华理！

（刊载于“小花梨”微信公众号2018年5月17日）

活跃在里约奥运会乒乓球赛场上的华理人

(图片来源:单晓娜[①])

2016年8月16日上午的男乒团体比赛看得国人心潮澎湃、热血沸腾,最终中国男乒以3∶1击败日本队,为“中国军团”包揽里约奥运会4枚乒乓球金牌拼上了最后一块拼图! 而在8月15日,中国乒乓女将们就击败了德国队,拿到了女乒团体的金牌。中国队该场比赛的对手德国队阵中有一位华理的校友,她就是在第三场双打比赛中出场的单晓娜。

单晓娜于2001年进入华东理工大

① 本图片已获得单晓娜的出版授权。

学,2005年毕业后由中国乒乓球协会(简称“中国乒协”)推荐赴德国参加超级联赛。2015年,单晓娜代表德国出战欧洲锦标赛并获得冠军。2016年的里约奥运会,单晓娜作为主力队员代表德国队出战,并夺得女子团体亚军的好成绩,创造了德国乒乓球队历史上的最好成绩。

单晓娜校友能代表德国征战里约奥运会,得益于中国乒协着眼于世界乒乓球未来发展而提出的“养狼计划”。在多次包揽奥运会、世界乒乓球锦标赛、乒乓球世界杯等各项冠军后,中国乒协跳出了过分计较得失的小格局,考虑更多的是乒乓球这项运动在世界范围内的发展和推广,采取“走出去、请进来”的策略帮助外国乒乓球运动员提高水平。一方面,让更多的运动员和教练员出国交流,甚至代表外国参加比赛;另一方面,让外国选手到中国来训练。大家喜爱的“爱酱”福原爱曾长期在中国训练和比赛,从而练就了一口流利的“东北普通话”。中国乒协也曾主动派人充当苏斯、萨姆索诺夫等主要对手的陪练。以单晓娜校友为代表的一批优秀乒乓球运动员,一方面长期在国外担任“乒乓球使者”,训练外国青少年运动员,为乒乓球在当地的推广做出积极贡献;另一方面也代表这些国家在国际乒乓球赛事上一展身手,激活乒乓球在全球范围的生命力。

单晓娜虽然身在国外,但是她一直心向祖国。她曾经在她的微博中这样表述:“好想念中国的过节气氛哦!新的一年,新的开始,虽然人在德国,但是心系祖国。”在德国的她,不光大力推广我们的国球——乒乓球,还经常向身边的德国队友和德国民众推广中国文化。让我们不禁为所有在外拼搏的国人竖起大拇指!

除了德国队的单晓娜之外,还有驰骋女子乒坛多年,在2016年代表中国香港乒乓球队出战里约奥运会的帖雅娜。她也是华理校友哦! 1997年,她考入华东理工大学;2001年,她夺得世界大学生运动会乒乓球女单、混双和团体3枚金牌。值得一提的是,在女单比赛中她战胜国家队队员牛剑锋、张怡宁,夺得了最终的冠军。战胜了“大魔王”张怡宁啊!这是怎样的实力!

截至2016年年底,帖雅娜在世界排名第16位,她代表中国香港乒乓球队出战了2004年雅典奥运会、2008年北京奥运会、2012年伦敦奥运会以及2016年里约奥运会，可谓奥运会四朝元老、乒坛常青树。在她的带领下，中国香港乒乓球队获得了4届奥运会团体八强的突出成绩。

要说到华理的乒乓球，那可是响当当的品牌。除了帖雅娜和单晓娜两位出现在2016年里约奥运会赛场上的华理面孔外，高军、乔云萍、邬娜等世界名将也都来自我校。

2015年，在韩国光州举行的第28届世界大学生夏季运动会上，中国体育代表团女子乒乓球队的郑诗畅、马越斐、郭奕宸、车晓曦和江越一举斩获乒乓球女子团体冠军，为祖国争得了荣誉，这5位队员均来自我校。

我校女子乒乓球队多次代表国家参加世界大学生夏季运动会等高水平赛事，屡屡摘金夺银。我们的乒乓小将们之所以能够取得如此好的成绩，和我们学校的特色"文化球"分不开。1992年，华东理工大学乒乓球俱乐部成立，这是全国第一个由大学组织的乒乓球俱乐部。目前，我校乒乓球俱乐部与上海启新小学和上海中学组成共建学校，实行了从小学、中学到大学"一条龙"三级联网的培养模式。在这三个学习阶段中，学校合理安排教学计划，在了解运动员技术特征的基础上，为学生量身定制科学系统的学习、生活和训练计划，形成了我校独特的乒乓球人才培养模式。在华理乒乓球俱乐部，如果有好的苗子就往国家队输送。学生们即使进不了国家队，通过参加国内外比赛等方式，其潜能和动力也能得以激发。将来即使不能从事专业体育，他们有大学文凭，又有一技之长，也能找到较好的出路。

毫无疑问，华理这种独特的"体教结合"育人模式，为有志于从事体育事业的孩子开启了一条新的道路。

（刊载于"小花梨"微信公众号2016年8月18日）

2018年雅加达亚运会
华理首金诞生!

2018年8月20日中午,代表中国队出战雅加达亚运会“女子南拳-南刀全能比赛”的我校体育科学与工程学院2016届校友汤露,最终获得了一枚宝贵的金牌!

汤露在2018年8月19日的南拳比赛中,获得9.75分,排名第一。在8月20日的南刀比赛中,汤露的动作非常有控制力,利用呼吸的蓄力催力,充分发挥了自己的优势。最终,裁判给出9.75分,汤露再次名列榜首,从而以绝对实力摘金。伸缩自如,英姿飒爽,汤露往赛场上一站,强悍的气场就令人折服。

汤露夺冠的精彩表现赢得一片喝彩声,更是一度登上了微博的热搜排行榜。网友们纷纷表示:这个小姐姐太帅了!

汤露是我们华理的骄傲,也是大家学习的榜样。在华理训练的日子里,她每天训练7个小时,当时的她每次练完回去都是累到直接趴下。这种刻苦的精神也激励着我们在学习的道路上不懈努力。

（图片来源：汤露①）

大家可能有所不知，华理的武术氛围一直以来都很浓厚。华理武术队分为高水平武术队和普通生武术队，华理武术队曾多次参加全国以及上海市的各类武术比赛并且取得了傲人的成绩。在2018年中国大学生武术套路锦标赛中，体育学院石秀廷老师带领华理武术队取得了男子甲组少林拳第一名、女子甲组龙神蛇形太极拳第一名、男子乙组杨式太极拳第一名和两银两铜的好成绩。

华理武术队也一直活跃在学校的各种活动中，像在迎新晚会、各类活动的开幕式以及班集体的团日活动中，我们都能看到他们的身影。他们一直在为弘扬中华民族的武术文化而不懈努力！

台上一分钟，台下十年功。汤露取得今天傲人成绩的背后是日复一日的艰苦训练，相信有这样的精神激励着我们，华理武术队会越来越出色，华理人也会不断努力，为母校增光添彩！

（刊载于"小花梨"微信公众号2018年8月21日）

① 本图片已获得汤露的出版授权。

喜讯：19岁华理“大魔王”助我亚运军团再添一金！

在2018年8月28日的雅加达亚运会乒乓球男子团体决赛中，华理的2017级学生薛飞与队友一起站上了最高领奖台，为中国亚运军团再添一金！

乒乓球是中国队的传统优势项目，虽然本次国乒派出了年轻的队伍，但是在采访中队员们和教练都表示，夺冠的小目标不会改变！在乒乓球男子团体决赛中，中国队以3∶0战胜韩国队获得冠军，加上在稍早前乒乓球女子团体决赛中中国队以3∶0战胜朝鲜队，中国队再次包揽了亚运会男女团体的冠军！

在2018年雅加达亚运会上，薛飞在小组赛同老挝队的比赛中登场亮相。他在比赛中没有让对手领先过，全程都占据着领先位置，他以11∶4、11∶3、11∶1连赢三局，战胜了老挝队的莫桑辛赫。

薛飞是目前乒坛中少有的直板横打选手，也是国乒的希望之星，他目前的主管教练是大家非常熟悉的世界冠军王皓。在2017—2018年赛季中国乒乓球俱乐部超级联赛中，薛飞作为球队主力帮助山东魏桥获得了冠军。

（图片来源：校园新闻网[①]）

在得知能够参加亚运会团体赛后，薛飞曾表示，亚运会对于他来说是全新的平台，之前自己只是在电视上看过亚运会，没有亲身的体会。得知入选消息的那一刻，薛飞说自己有一点儿紧张，也很激动。同时，他本人也有压力，因为机会来了，需要自己去把握住。

在2018年中国大学生乒乓球锦标赛上，薛飞随队出征，华理获得了男子团体亚军的好成绩。长相帅气阳光、球技也相当高的薛飞还收获了一大批“粉丝”，被称为队里的“颜值担当”。

我们相信，亚运会对薛飞来说只是一个开始，未来他一定可以在更大的舞台上展示自己！期待他在东京奥运会上的表现！

（刊载于“小花梨”微信公众号2018年8月28日）

① 本图片已获得薛飞的出版授权。

全运会乒乓球女双冠军！华理校友出彩！

2017年8月27日至9月8日，中华人民共和国第十三届运动会(简称“第十三届全运会”)在天津举办，华理人在传统强项上延续了强势表现，取得了骄人的成绩。

代表八一乒乓球队出战的华理校友木子获得了乒乓球混合双打第四名，在女子双打半决赛中，她和搭档顾玉婷战胜了夺冠大热门丁宁和刘诗雯组成的“大魔王”组合，进入了决赛，并最终以4：1打败了朱雨玲和陈梦，获得了冠军，赢得了一枚宝贵的女双金牌，她们是华理乒乓球队的骄傲！

另外在乒乓球女子团体决赛中，四川队战胜黑龙江队获得金牌，其中有四位华理人登场亮相，她们分别是四川队的范思琦、郭艳和黑龙江队的车晓曦、王璇，再加上代表北京队出战的我校2016级学生孙晨，第十三届全运会乒乓球女子团体的领奖台上冠、亚、季军的获得者都有华理人的身影。乒乓球女队包揽前三，乒乓球男队自然也不甘落后。下图中站在中间为队员加油打气的，就是我们华理的毕业生张洋——现在的上海乒乓球男队主教练，在他的带领下，上海乒乓球男队获得了第十三届全运会男子团体冠军。这枚金牌有他的一份功劳。

（图片来源：张洋①）

在乒乓球男子单打的16强里，我校占有3席：代表河南队出战的2015级学生夏易正、代表山东队出战的2016级学生刘丁硕、代表湖北队出战的2017级新生薛飞。其中，夏易正还战胜了名将闫安进入了全国8强，但在四分之一决赛中，他遗憾地输给了连续二十几个月世界排名第二位的世界冠军樊振东。不过，作为第十三届全运会进入前八的选手，夏易正已经获得了直接进入国家一队的机会。

除了第十三届全运会，我校乒乓球队在2016年“迁安杯”第二十一届中国大学生乒乓球锦标赛中所得成绩也很优异，共参加了7个比赛项目，成功拿到了3枚金牌！其中在女子团体比赛时小组分组非常不利的情况下，华理队员团结一致，艰苦作战，最终成功出线。

成绩来之不易，过程中有很多艰难险阻，但是整个华理团队不抛弃、不放弃，终于凭借着坚韧不拔的意志战胜了众多强手，为华理乒乓球队续写了新的辉煌！

（刊载于“小花梨”微信公众号2017年9月5日）

① 本图片已获得张洋的出版授权。

头脑四肢都发达的华理“最强大脑”

新时代,新青年;新使命,新征程。一个姓名,一段人生;一种执着,一份感动。来自华理材料科学与工程学院高分子材料与工程专业的邹君逸,自入学以来在专业学习、学科竞赛、创新研究、社会工作和文体竞赛中均表现突出,堪称华理学子的好榜样。

邹君逸同学的好成绩,是他个人的努力与美好的集体氛围共同创造的成果。他本人成绩优异,连续两年专业排名第一,连续两年获校级优秀学生特等奖学金,同时以学科成绩第一、答辩第一、综合能力第一的成绩获得国家奖学金、浩登奖学金、华昌奖学金等奖项。他说:“我应该把自己选择的这条路走好,我要学到真本事,为祖国建设做贡献。”邹君逸自愿担任了学院的“学风督导员”,在班级担任学习委员,他在专注学业的同时,还乐于帮助其他同学。他经常为同学们答疑解惑,组织班级集体自习,共同创造一起进步的集体学习氛围,成功举办“第三课堂”,帮助同学们备战期末考试。也正因他的种种付出与努力,他所在的班级连续两年年级挂科率最低。

除了专注学业，邹君逸也热爱学科竞赛，为了在学科竞赛中取得好成绩，他深入思考，细心钻研。初进大学校门，邹君逸便给自己立下了目标。为了实现目标，在别人睡觉、旅游的时候，他依旧在刻苦奋斗。很多人问他为什么那么拼，他说：“只因为心中有感激、热爱与梦想。”“奉献”了多少个周末和假期，只因为他相信，刻苦训练能助他达成梦想；他相信，“有志者，事竟成，破釜沉舟，百二秦关终属楚”；他坚信，如今大学生生活在一个种下希望就会有收获的年代。

2017年3月，邹君逸同学以上海市第一名、全国第七名的优异成绩荣获第八届全国大学生数学竞赛全国一等奖，并第二次荣获“全国十佳选手”称号，追平了学校的名次纪录，刷新了学校的分数纪录。在竞赛获奖后，他热心地与学弟学妹们分享竞赛心得，向他们传授竞赛经验。

（图片来源：邹君逸[1]）

① 本图片已获得邹君逸的出版授权。

对于他来说，学科竞赛并不是终点，而是另一个起点，是他从基础学科到专业方向研究的转折点。在2018年，除了完成规定的学业任务外，邹君逸同学还积极参加了国家级“大创项目”，致力于科学研究，他所在的团队也承担了国家级“大创项目”高分子胶束的二次组装及光控解聚的重任。

邹君逸不仅是学霸，更是一个体育健将。他热爱运动，尤其是拳击运动，他认为这不仅能够增强自己的身体素质，更能够磨砺自身意志。他说：“生命虽然有时给了我们酸苦，但我们自己可以创造甘甜。”在2015年江苏省青少年拳击锦标赛上，邹君逸同学荣获第五名。在华理第30届体育节上，他更是轻松获得引体向上比赛第一名。与此同时，邹君逸同学也成功入选校龙舟队，作为主力队员，他在华理65周年“校庆杯”龙舟赛中，拼尽全力助力全队夺得学生队伍第一名！

（图片来源：邹君逸[①]）

邹君逸同学始终坚持个人的全面发展，绝不是刻板读书的人。他还是华理武术协会的负责人。他不是运动员，却每天早上6点30分起床晨跑3千米；他读的不是数学专业，却每天都学数学。尽管他有时不被人理解，却始终坚持着自己的梦想！在校期间，邹君逸积极参与志愿服务活动，大二暑假，他赶赴哈尔滨进行暑期社会实践，回顾东北抗日联军峥嵘历史，开展社情民意调查。

① 本图片已获得邹君逸的出版授权。

其实最让人钦佩的，就是邹君逸同学这种聪颖勤奋、求实谦逊的品质。大学，是锻造自我的炼钢炉，只有百炼才能成钢。希望看到这篇文章的你，也能更加努力。

（刊载于“小花梨”微信公众号2018年5月3日）

厉害了我的“花梨”！2016年诺贝尔化学奖与华理不得不说的故事

2016年10月5日，瑞典皇家科学院宣布，将2016年诺贝尔化学奖授予让-皮埃尔·索维奇（Jean-Pierre Sauvage）、詹姆斯·弗雷泽·斯托达特（James Fraser Stoddart）和伯纳德·L.费林加（Bernard L. Feringa），他们因在“分子机器的设计和合成”上的贡献而获奖。让-皮埃尔·索维奇是法国斯特拉斯堡大学名誉教授，詹姆斯·弗雷泽·斯托达特是美国西北大学教授，伯纳德·L.费林加是荷兰格罗宁根大学教授。但是许多人所不知道的是，这三位诺贝尔奖得主都与华理有着很密切的合作关系，他们到底与华理有着什么不得不说的故事？

说到这三位大师级人物与华理的故事，不得不提到一个人，这个人就是我校的田禾院士。田禾院士科研团队研究的领域正是“分子机器的设计和合成”，并且相关研究成果处于国际领先行列。田禾院士团队与三位新晋诺贝尔化学奖得主在学术科研上有着密切的合作和交流。詹姆斯·弗雷泽·斯托达特教授先后于2005年和2007年两次来我校访问，并受聘为我校名誉教授。伯纳德·L.费林加教授也于2007年来我校参加国际学术会议。田禾院士研究团队在分子机器领域的研究造诣是非常深厚的，该研究团队中的王巧纯教授和马骧教授的博士学位论文都是在田禾院士的指导下，集中在分子机器领域内进行研究，分别获得了全国百篇优秀博士学位论文奖和全国百篇优秀博士学位论文提名奖。

田禾院士课题组的年轻教师张隽佶告诉我们：“广泛地讲，分子机器的含义来自自然界，而人造分子机器是运用合成与化学修饰手段构建的功能性分子或者化学体系。通常分子机器是基于合成及超分子组装的功能性化学组分的集合，它的目的是模拟宏观的机器工作模式从微观再现并产生作用。作为一个微型器件的化学基础，分子或超分子必须能够响应某种外部的刺激信号（物理刺激或者化学刺激），针对性地释放输出信号或者做有用功，才是实现机器功能的基本要求。与同样是响应型的功能性化学体系（如分子开关、化学传感器等）不同的是，分子机器在响应的基础上往往还需要能够引起组分或者分子单元间的相对机械运动，并伴随物质与能量的流动实现特定的机器功能。”一般来说，分子机器是由分子尺度的物质构成的，拥有某种加工功能，其构件主要是蛋白质等生物分子。分子机器又被称为生物纳米机器，具有尺寸小、多样性、自指导、有机组成、自组装、准确高效、分子柔性、自适应、仅依靠化学能或热能驱动等其他人造机器难以比拟的性能。因此，研究生物纳米机器具有重大意义。分子机器将极有可能促进新材料、传感器和能量存储系统等领域的应用与发展。

田禾院士在“分子机器的设计和合成”领域有很多成就。田禾院士提出以荧光作为读出信号的可擦式光信息存储新概念，创新合成一系列具有高信噪比的光致变色荧光材料，大幅度提高其应用稳定性。他于2004年在国际上首次创新合成可用荧光信号表征的可“锁”的光驱动分子梭和多构型逻辑功能分子机器等，解决了分子尺度上精确表征分子机器运动的关键问题；又在2016年和马骧教授一起首次提出并设计合成了室温磷光信号识别的分子机器；在国际上首先提出高选择性汞的荧光比率传感体系，在荧光探针和高性能有机太阳电池染料等方面进行了创新探索。通过20年的研究积累，他形成了以“共轭π体系结构与多尺度功能精细调控”为主要特色的研究体系。在他的支持下，我校于2005—2015年多次举行了与该领域相关的国际学术会议，除了2016年新晋诺贝尔化学奖得主外，2000年诺贝尔化学奖获得者艾伦·J.黑格（Alan J. Heeger）也曾于2012年来华理参加2012年光电功能分子国际研讨会。田禾院士正是凭借在该领域取得的杰出研究成果，荣获2006年度上海市自然科学奖一等奖和2007年度国家自然科学奖二等奖。

早在2004年，田禾院士领衔的团队就设计出直径比头发丝的直径还小得多的“分子梭”和“分子算盘”，进而运用荧光来感知其运动轨迹，让葡萄糖分子产生计算能力甚至是思维能力，从而在“模拟生命体，以帮助人类恢复体力或者修复受损记忆”的高峰研究领域跨进了扎实的一步。此外，一旦“分子算盘”发展成熟，电脑就可升级为容量更大、算得更快的“分子脑”，从而摆脱摩尔定律的极限束缚。目前，这台“上海制造”的分子机器已跻身国际先进行列，而田禾院士独创的荧光检测法更是成为各国科学家普遍采用的表征方式。这台“上海制造”的分子机器——用通俗的语言来解释——就像是在一根木棍上穿一个无底的水桶，在某种外力的作用下，水桶得以左右滑动。当然，这是将它放大10亿倍的效果。通过荧光光谱仪的检测，我们才能估算出它的难度系数：“木棍”由偶氮或苯乙烯分子制成，“水桶”的材质则是由6～7个葡萄糖分子“手牵手”组成的环糊精分子，“桶口”直径仅为0.6纳米。田禾院士等人运用光驱动，让“水桶”在紫外光的照射下获得动能，或左或右地在“棍子”上来回穿梭运动，一个微型“分子梭”由此诞生。“木棍+水桶”的组合与“分子算盘”颇为相似，在田禾院士等人的“调教”下，“分子梭”学会了“加2”或“减2”的简单算术，成为具有原始计算功能的“分子算盘”。

田禾院士团队在该领域的研究一直处于国际领先行列，在2006年、2010

年和2014年，田禾院士和团队中的王巧纯教授、马骧教授等人在*Chemical Society Reviews*、*Accounts of Chemical Research*等国际著名期刊上多次发表有关分子机器领域的研究综述。2015年，田禾院士团队又在美国化学学会（American Chemical Society，ACS）主办的*Chemical Reviews*期刊上发表了一篇题为“Photoresponsive Host – Guest Functional Systems”的综述文章。该篇综述文章是在田禾院士的指导下，由曲大辉教授、王巧纯教授、张琪伟博士以及马骧教授共同完成的。这篇综述文章全面地总结了基于主客体化学的光响应性功能性超分子体系，系统地概述了他们在光控捕获与释放、光驱动轮烷或者索烃等分子机器、光控超分子聚合物及自组装体和具有光刺激响应性的界面体系等方面的研究进展及应用，还对光控主客体超分子化学的研究现状做了阐述和点评，并对将来需要克服的问题、发展方向和潜在应用做出了展望。光刺激响应性的主客体超分子化学的研究涉及有机合成

（图片来源：华东理工大学团委）

化学、超分子化学、物理化学、材料科学和光化学等学科。基于这门科学的智能超分子体系在生物和材料等领域有着重要的应用，以田禾院士带队的超分子研究小组长期以来一直从事具有光电响应性的超分子功能材料研究，在光控超分子的制备和理论研究及应用等方面取得了一系列原创性的成果。

让-皮埃尔·索维奇教授曾担任法国国家科学研究中心主任，现为法国科学院院士、瑞士苏黎世大学访问教授、美国西北大学杰出访问教授等。他的主要研究领域为机械立体化学，在该领域开拓了超分子拓扑化合物研究的新方向，提出了分子识别与组装过程中模板合成机械互锁型分子（如轮烷和索烃）方法。

作为英国皇家科学院院士、美国艺术与科学院院士，詹姆斯·弗雷泽·斯托达特曾获得各类奖项100余项，2007年被伊丽莎白二世亲自授予爵士勋位，同年又获得阿尔伯特·爱因斯坦世界科学奖。他是纳米科学和有机超分子化学领域最杰出的科学家之一，迄今已在*Science*、*Nature*、*Nature Chemistry*等期刊上发表多篇学术论文。

伯纳德·L.费林加教授现为荷兰皇家科学院院士、美国艺术与科学院外籍荣誉院士，曾先后获得荷兰最高科学奖Spinoza奖、Prelog金奖、英国皇家化学学会有机立体化学奖、美国化学学会Norrish奖等奖项。他的研究方向主要涉及有机合成、不对称催化、分子开关、立体化学、自组装和分子纳米系统等。

（刊载于“小花梨”微信公众号2016年10月5日）

顶级学术期刊*Nature*都庆祝“我梨”65周年校庆了！

2017年9月28日，*Nature*期刊推出华东理工大学65周年校庆纪念专版，以“Engineering, A Better World”为题刊载了华理的科研成果。

*Nature*是世界上最早的国际性科技期刊，自从1869年创刊以来，每周报道和评论全球科技领域里具有独创性以及跨学科的研究成果。发表在该期刊上的科学论文具较高的新闻性和广泛的读者群。换言之，科学论文不仅应具有“突出的科学贡献”，还必须“令交叉学科的读者感兴趣”。在*Nature*上发表一篇论文不知道是多少科研人员的梦想。

自然出版集团在*Nature*期刊推出的华东理工大学65周年校庆纪念专版中介绍了华理的办学理念、人才培养、科学研究和学科建设等方面的情况，并重点介绍了华理在化学、化学工程、能源环境、生物工程、药物研究、材料科学、神经动力学、信息技术和机械工程等领域的最新学术科研成果，展现了华理科技工作者65年来自强不息、砥砺前行所取得的可喜成绩。

与此同时，自然出版集团旗下的Nature Index网站也开通了华东理工大

（图片来源：华理新闻网）

图片来源：*Nature*网站华理专访篇

学专题页。Nature Index是自然出版集团旗下的一项评价指标，其定位是优质研究综合指标，在学术领域影响颇深。在2017自然指数排行榜（Nature Index 2017 Tables）中，华理位列全球科研机构第122名（全球高校第114名），国内高校第16名。近三年来，华理科研工作者总共在*Nature*及其子刊上发表论文68篇。华理在自然指数排行榜上已连续三年位居全球前200名，并连续两年进入全国前20名。

（刊载于“小花梨”微信公众号2017年10月11日）

我们华理又上新闻联播啦！

2018年1月3日，华理出现在了新闻联播里！这和华理在2018—2019年秋季学期上线的"爱思政"网上授课平台息息相关。新的模式一经推出，便十分火爆，同学们选课的热情高涨。

我校为响应教育部将2017年确定为"高校思政课教学质量年"的精神，制作了拥有签到、互动和作业提交等功能的"爱思政"网上授课平台，并成立了专题教研组。不同学科的教师共同制订教学大纲，提供预习资料，设计教案，制作课件，建设"微课堂"，形成一批"形势与政策"示范课。

教师可以通过"爱思政"网上授课平台实现课程实时互动，该平台涵盖建立班级、课前预习、学生扫码签到、师生互动答题、课后考核、数据采集和教师复课等板块，并逐步形成"形势与政策"系列课程的特聘教授资源库。

课程改革后，"形势与政策"系列课程安排如下：大一学生每学期4节专题课和1节"爱国学堂"课，大二学生每学期2节专题课和1节"爱国学堂"课。学校设计了36个系列专题和1节"绿色中国"课，学生在大学期间应选择其中12个专题进行学习。本学期，学校共开设了383个教学窗口，实行60

人的小班教学。“爱国学堂”课以当前形势热点为中心，邀请专家进行授课。

学校还组织了“通海茶叙”活动，邀请本科生喝咖啡、聊国家大事，每次网络报名名额都会被“秒抢”。

在课程改革前，我校对“形势与政策”系列课程的教学效果展开过调研。数据显示，41.74%的学生认为课堂气氛压抑，因而自身学习积极性较低；17.89%的学生认为教师与学生缺乏沟通，课堂活跃度低；只有30.73%的学生认为当前教学效果不错……

但在通过这样以“互联网+”的形式进行的思政课改革后，学生们对思政课有了不一样的印象。学习形式变得灵活，同学们能够通过手机扫码答题，分享自己的观点；老师可以通过App实时掌握学生需求，随时解答学生疑惑并组织讨论。更重要的是学习内容也开始变得灵活起来，学校根据学生反馈和大数据统计，把教学要求编组成36个课程单元，由学生自选12个感兴趣的主题。

丰富的教学内容，活泼的课堂气氛，新时代的新型思政课可以说是对“学在华理”最好的诠释。

（刊载于“小花梨”微信公众号2018年1月3日）

狗年第一个工作日，华理再上新闻联播，这次是因为……

2018年2月23日，以诺贝尔化学奖得主伯纳德·L.费林加教授名字命名的“费林加诺贝尔奖科学家联合研究中心”，在华理正式揭牌落户。

说起2016年诺贝尔化学奖的获得者费林加教授，大家一定不会陌生。他作为“联合研究中心”的外方主任、结构可控分子工程国际合作联合实验室国际咨询委员会主任，与“联合研究中心”的中方主任、中国科学院院士、发展中国家科学院院士——田禾教授，分别带领由中外双方共同组成的中心人员，依照双方合作协议，围绕“联合研究中心”的发展目标，借助中外双方各自的研究优势，在研究方向、研究内容、管理和人才培养等方面进行详细论证，明确了各自的分工。

费林加教授于2017年10月在中国办理了永久居留身份证申请手续，成为首批来上海工作并拥有“中国绿卡”的诺贝尔化学奖得主。

要知道外籍科学家过去在中国工作，通常要在签证规定时间内离开中国，或者在签证到期前重新申请，在出行、购房、医疗等方面有诸多不便。从

（图片来源：“小花梨”新媒体工作室）

2017年开始，很多外国人可以在中国申请永久居留身份证。这一证件使得持有者可以在我国境内很多事务上享有“国民待遇”。

根据公安部支持上海科创中心建设的“新十条”，截至2017年，上海市张江高新技术产业开发区管理委员会为30名外籍高层次人才出具了永久居留推荐函，其中就包括我校的费林加教授。

“联合研究中心”依托华理结构可控先进功能材料及其制备教育部重点实验室，以及结构可控分子工程国际合作联合实验室，围绕结构可控分子工程及界面光电功能研究的前沿领域开展基础与应用基础研究。“联合研究中心”以培养国际知名科学人才、实现研究领域原创性突破为目标，通过化学、材料、能源、生物、计算化学、纳米技术、分子工程等多学科相互交叉，与国际一流大学的相关课题组、国际一流科学家合作，努力打造科技创新氛围浓厚、高层次人才聚集、学术交流丰富、科研装备先进、具有重要国际影响力的特色研究平台。

党的十九大报告指出，我国要“培养造就一大批具有国际水平的战略科技人才、科技领军人才、青年科技人才和高水平创新团队”。作为创新发展先行者，上海需要加快引入尖端人才并为他们营造优良的工作和生活环境，让他们带领团队开展前沿科技研究。

“联合研究中心”正是在这样的背景下应运而生的，并且得到了上海市徐汇区政府以及张江高科技园区的支持。新华社曾这样评论：“‘费林加诺贝尔奖科学家联合研究中心’推动智能材料基础研究及其成果转化，是上海打造世界级研究机构的一项有力举措。”

事实上，“联合研究中心”也是上海全力推动改革开放更上一层楼，争做新时代的排头兵的其中一环。

是不是听起来就很酷呢？作为新时代的青年，我们也要为国家的发展贡献青春力量，就从即将到来的新学期好好学习开始吧！

（刊载于“小花梨”微信公众号2018年2月23日，转载自新华社、上观新闻、央视新闻）

第五篇

榜 样 力 量

在良好的校风、学风引导下，华理涌现出一批批优秀的华理人。本篇将描述华理社会实践团队所挖掘的时代楷模的动人故事，讲述学霸情侣互相鼓励包揽专业前二名、从同学到夫妻相携到博士、学霸寝室相约共同进步等故事。他们身上所展现出的奋斗精神，鼓舞着更多的华理人不断奋进。

“一生只修一条渠！”我们终于见到了这位伟大的老人！

2017年11月17日，全国精神文明建设表彰大会在人民大会堂金色大厅召开。在合影环节，习近平总书记看到两位道德模范代表年事已高，于是就拉着他们的手，请两位老人坐到自己的身旁来，这个暖心感人的瞬间被大家铭记在心中。

两位道德模范中，有一位名叫黄大发的老人。黄老是贵州省遵义市播州区平正仡佬族乡团结村（原草王坝村）党支部名誉书记，从20世纪60年代起，黄老便带领群众，耗时30余年，靠着锄头、钢钎、铁锤和双手，在绝壁上凿出一条长9 400米，地跨3个村的“生命渠”，结束了团结村长期缺水的历史，这条水渠被乡亲们亲切地称为“大发渠”。

在2017年的暑假，我校一支名叫“华理‘红’烧肉突击队”的暑期社会实践团队就深入贵州省遵义市播州区平正仡佬族乡团结村深度接触了黄大发老人，并将他的事迹以微视频的方式展现出来。他们的实践项目“黄大发——一生只修一条渠”还获得了“知行杯”上海大学生社会实践大赛特等奖！

“山高石头多，出门就爬坡，水也被阻隔”是当地的特点，“大发渠”修成以前，村民们在村里唯一的水井前昼夜不停地排着队，为水争执是家常便饭。年幼的黄大发曾经只因为浪费了一瓢水便受到母亲的责骂，从那时起，他就意识到了水的珍贵性。然而，天有不测风云，黄大发的父母早早地双亡，只留下尚且年幼的他。此后，他依靠全村村民的周济，吃着百家饭，在这穷乡僻壤中艰难地长大了。23岁那年，他被选为村里的大队长，自此便开始了自己的报恩之旅——修水渠。

没有技术，测量全靠竖起几根竹竿用眼睛瞄；没有水泥，沟壁直接简简单单地糊上黄泥巴；没有设备，腰间拴根麻绳下悬崖用锤子凿。然而洪水一来，刚修好的沟渠便被冲得七零八落。修修补补十几年，水仍是进不了团结村。

后来，黄大发奔赴县里的水利局学习水利知识。学成归来后，他熬夜赶图，白天四处筹集物资，每天还要背个几百斤物资登上悬崖峭壁。人们不知道他是怎么扛上来的，只知道——水渠！最终还是修筑成功了！

清澈的山泉水，源源不断地流入团结村，犹如希望汩汩落入了每个人的手中。举村同庆的那天，黄大发一个人躲在村中的角落里，把这些年所有的委屈，包括在修渠期间丧女丧孙，连最后一面都未能见上的痛，通通地哭了个干净痛快。

黄老的房屋简单朴素，墙壁上还悬挂着一面党旗。“红”烧肉突击队的成员们围坐在黄老的身旁，认真地聆听着他将过往的故事娓娓道来。成员们问黄老是否想过若修不成水渠该怎么办，他斩钉截铁地说：“修不成也要修成！”徒手攀崖的危险不言而喻，难道黄老就不害怕吗？面对成员们的追问，这个目光坚定的老人毫不犹豫地说：“我是党员，怎么能害怕呢？只有把水渠修好了，大伙儿才能过上好日子！”“大发渠”之行后，华理“红”烧肉突击队便将此行制成了纪录片，希望能够将黄老的“新时代愚公精神”传播开来，为更多青年学子树立榜样。

作为当代的大学生，我们的课堂远远不只在学校，农村、企业、工厂……处处都是我们学习知识、增长才干的好去处。

每一年暑假，华理各个学院的同学都会积极地投入社会实践中。他们不畏酷暑，有的利用专业知识服务和回报社会，有的通过走访调研了解社会现实，还有的前往其他院校、科研基地等感受前沿科技的发展。

愿每一支社会实践团队都能不负此行，像华理“红”烧肉突击队那样，收获满满，为社会正能量的传播和国家的建设贡献出一份力量。

（刊载于“小花梨”微信公众号2017年11月19日）

学霸情侣包揽专业前二还不够！4年拿了近10万元奖学金

在华理，有这样一对毕业生情侣——李媛媛和李晔，他们均曾获得过国家奖学金、成思危名誉校长奖学金和综合课程奖学金等。2017年，他们共同荣获国际基因工程机器大赛金奖，拥有国家实用新型专利一项，而且两人还包揽了生物工程专业的前两名，大学四年拿了53张证书和8.6万元奖学金！他们用实力证明，爱情的"催化作用"能使"1+1>2"。

相识，遇见优秀的彼此。李媛媛和李晔都是生物工程专业的学生，两个人虽然在同一个专业，但并不在一个班级。他们的相识得益于大二时一次偶然的优秀学长答疑活动，擅长不同科目的他们在互相钦佩之余，也暗暗下决心要更加努力。强强联合，自此他们开始发挥"1+1>2"的效用。

相知，共赴心中的目标。他们共同参与互助小组等活动，在活动中不断反思自身并提高自身素质；他们一起"泡图书馆"刷题，分工复习，共享笔记，共同准备各类答辩。当其中一个人在实验中或者学业上遇到难题而心情烦躁时，另一个人总会耐下心来，帮对方分析情况，梳理思路，一起探讨解决方案。在彼此的眼中，她是即使生病挂盐水也不会落下学习进度的超强女孩，他是优秀果断又温柔体贴的细心男孩。

（图片来源：李晔[①]）

在大二下学期，李媛媛因为生病住院，不能到学校上课。李晔便承担起每天为她送作业、送零食的任务。看着李媛媛左手打吊瓶、右手写作业的样子，李晔又心疼又为她感到骄傲。

相爱，共创彼此的未来。携手求索的几年，李媛媛和李晔活跃在各类实践和创新竞赛中：全国大学生数学建模竞赛、化工原理大奖赛……作为不同"大创项目"的负责人，他们在研究自身课题的同时，也会交流彼此的实验进展情况，共同分析问题并探讨改进方案。2017年，他们两个人和团队一起代表华理参加合成生物学领域的国际性学术竞赛——国际基因工程机器大赛，并在备战过程中设计出新型发光搅拌桨，获得了国家实用新型专利。此外，他们还共同参与了国际学术会议的现场翻译工作。

发光发热，这些地方"我们"一起去。李媛媛和李晔，一个活跃于学校，忙碌于体育节、啦啦操大赛和学生代表提案审查工作；另一个则是班里的团支书、2014级生物工程专业党支部书记，每天尽心尽力为班级及其所在学院服务，带头做好表率。大二暑假，他们共赴浙江省台州市天台县桐柏岭脚村参与支教活动，与同行的伙伴们一起排课表、备课、安排活动。在李媛媛

① 本图片已获得李晔的出版授权。

的眼中，支教虽苦，但是值得。她说：“公益是一生的修行，我们会永远坚持下去。”

李媛媛和李晔是两个截然不同的个体，他们珍惜在一起的每个时刻，也尊重彼此独立发光的状态。“真正的爱情，是我们一起变得更加优秀”。

（刊载于“小花梨”微信公众号2018年6月27日）

从同学到夫妻，这对学霸博士情侣就是爱情最美的样子！

在华理化学院，有一对羡煞旁人的学霸夫妻，或许天赐良缘，他俩的名字里都有一个“亚”字。他们就是在读博士生曹亚明和洪亚云，这对学霸情侣，不仅同窗九年终成夫妻，而且要双宿双飞从长江尾到长江头，在2019年6月毕业后携手奔赴祖国西部就业。

时间回到2012年，此时的曹亚明和洪亚云是我校应用化学专业102班的大三本科在读生。2012年，是他们俩确定恋爱关系的那一年。因为一次大学计算机期末作业的相互帮助，他们走进了彼此。

在一起之后，两人约定，绝不能让爱情成为彼此前进路上的绊脚石，而是要彼此鼓励、相互帮助，让爱情成为学习路上的催化剂。大三学年是化学院学生学业最繁重的一年。因此，在这一年的时间里，教室和图书馆成了他们两个人最常去的地方。

洪亚云心思缜密，学习效率高，经常负责解决学习细节方面的难题，做知识的归纳和总结；而曹亚明的思维比较活跃，经常负责钻研一些较难的问

（图片来源：曹亚明[①]）

题。两个人就这样一起努力着，付出的汗水终于浇灌出梦想之花。大三学年，曹亚明和洪亚云的成绩双双取得质的飞跃，综合课程成绩平均分均突破90分，成绩分别位列应用化学专业第一名和第二名；到大四学年，两个人课程成绩继续位列应用化学专业前两名，分别获得综合课程奖学金特等奖和一等奖，并双双获得优秀毕业生和华理首届荣誉毕业生称号。

事实上，在大一刚入校的时候，曹亚明和洪亚云就向党组织递交了入党申请书。在大三上学期，他们双双成为光荣的共产党员，并积极参加学院组织的各项党团活动。

2014年，曹亚明和洪亚云两个人以优异的成绩被保送在我校硕博连读，再续同窗友谊。

科研工作是攻读博士学位的头号任务，需要花费大量的时间和精力去完成。因此，虽然实验三楼和实验四楼之间只相隔几米，但曹亚明和洪亚云每天的见面时间只有一个小时，在这一个小时的时间里，他们讨论最多的不

① 本图片已获得曹亚明的出版授权。

是个人感情问题，而是科研工作。

曹亚明表示，科研是一门交流的学科，闭门造车往往是死路一条。材料学科的难题，往往能被学化学、生物的人迎刃而解；化学学科的难题，在学物理的人眼中往往就不是问题。虽然他们一个是分析化学专业，一个是先进材料专业，但彼此之间的跨学科交流，时常能碰撞出思维的火花。

曹亚明博士学位论文的其中一章研究内容就是在彼此讨论交流的基础上完成的。他回忆，当时自己在研究一种新型二维材料，该材料有各方面卓越的性能，但也有致命的缺陷：在空气中会快速地降解，造成器件性能急剧下降。现在国际上通常采用物理封装法来对该材料进行保护，但物理封装又会破坏材料的本征性能。曹亚明说："在我一筹莫展的时候，洪亚云提出，有一种常用的生物材料，能对很多基底材料形成成膜修饰，并且不会破坏被修饰材料的本征性能。"更巧的是，该生物材料在自聚反应的时候能够提供还原耗氧的反应环境，使得修饰反应能够在低浓度氧气情况下完成，从而实

（图片来源：曹亚明①）

① 本图片已获得曹亚明的出版授权。

现对曹亚明所研究的新型二维材料的直接生物封装，完美地解决了他的难题。在后续反应过程中，由于搅拌子会刮伤薄膜，洪亚云又提出可以用生物震荡摇床来代替搅拌子的搅拌作用，再一次解决了曹亚明的难题，使他完成了系统的研究工作。

迄今为止，曹亚明和洪亚云已在国际SCI期刊上发表了多篇论文。2018年，他们双双获得博士研究生国家奖学金，也获得了成思危名誉校长奖学金特等奖。此外，曹亚明还获评2018年度华东理工大学“大学生年度人物”。

他们在忙科研的同时，也将爱情修成了正果，两个人在2018年结为了夫妻。在2018年秋季招聘会进行得如火如荼之时，他们又做出了人生中重要的决定——去西部就业。

曹亚明和洪亚云了解到，在就业引导工程中，化学院与中西部的多家公司有长期的交流和合作，学校也鼓励同学们毕业之后到国家最需要的地方工作。同时，他们也了解到，已有大量的华理校友投身于中西部建设。

曹亚明和洪亚云最终一起与重庆药友制药有限责任公司签约，从同学变为同事，选择共赴祖国西部就业。事实上，重庆药友制药有限责任公司的董事长刘强，正是华理的前身华东化工学院化学系1986届毕业生，当年他毕业后就前往这家老厂的基层就业，兢兢业业工作，从最年轻的厂长做到最年轻的董事长。

凭借着在校期间的种种荣誉和奖励，分别来自四川泸州和江西抚州的这对小夫妻，若想留沪就业根本不成问题。身在化学这个“双一流”建设学科，为什么他们放弃上海大量企业给予他们的录用机会，而选择共赴西部第三地就业呢？

原因之一是在本科就读期间，学院组织了一次暑期实践，成都的红军长征纪念馆让他们记忆深刻，革命前辈们艰苦奋斗的精神深深地感动了他们。他们意识到，当代青年在享受现有美好生活的同时，要将个人的奋斗目标与国家的发展紧紧地联系在一起。在本科学习期间，他们更是积极地参加学院组织的在上海市奉贤农村地区的支教活动，利用课余的时间免费为很多外来务工人员的孩子辅导功课。在这个过程中，他们深深地感受到，需要帮助和支持的地方还有很多很多。曹亚明说："华东理工大学作为化学化工强校，在'用化学创造价值'方面和化学知识的社会推广工作中总是充当排头兵的角色，作为学生也应当具有这样的责任感。"

原因之二是这个选择能帮助曹亚明完成当初立下的学成后建设家乡的愿望。曹亚明说："汶川发生地震的时候，我还是一名高三的学生，中午正在教室上自习。我本身也是四川人，能非常深刻地感受到灾难对震区造成的巨大伤害，这也让我更坚定了自己学成之后要回去建设家乡的信念。地震发生后，我记得当时我把所有的零花钱全部取出来捐给了灾区，自己吃了两个月的泡面。"

曹亚明和洪亚云表示："习总书记曾强调过，广大科技工作者要把论文写在祖国的大地上，把科技成果应用在实现现代化的伟大事业中。在未来，我们会把所学所得用在工作岗位上，希望我们还能像学生时代那样默契配合，相互扶持，相互帮助。用我们的所学所得，争取在工作岗位上发光发热，展现华理学子的风采，让华理精神薪火相传。"

（刊载于"小花梨"微信公众号2019年4月24日，转载自上观新闻、青年报）

“寝室学霸四人组”的秘诀

每个人的学习生涯中，都会有这样的“传奇人物”存在：所到之处，所向披靡；妙笔生花，独占鳌头；满腹经纶，才高八斗……来自机械与动力工程学院过程装备与控制工程专业的陶贤超、李诗豪，以及大一时学习的是过程装备与控制工程专业，后转入机械设计制造与自动化专业的曹港生、陈李炜就是一群不仅有优秀的成绩，更有有趣的灵魂的学霸们。

大学四年，同寝室的四人的平均学分绩点达到3.6，全部被学校保送读研究生。他们的优秀不仅体现在学习方面，在社会实践方面，也都有他们活跃的身影。

始终如一，优秀是一种习惯。保研资格的获得并不是一瞬间的事情，而是四人在大学三年里凭借着一步一个脚印的努力换来的。在大一的时候，宿舍四人的成绩就没有太差，他们也从未松懈；到大二、大三的时候，他们的成绩更是得到了稳步提升。

同心协力，集体备战才是效率王道。从大一到大三，机械与动力工程学院的基础课程比较多，有几个学期的课表甚至都被排满了。除了课程作业，宿舍四人还要准备竞赛和“大创项目”，每天百分之七八十的时间都用在学习上。

陶贤超分享了他们一起学习的故事。在期末考试前，寝室成员会集体进入学习状态，相互鼓励、相互督促。四个人一起学习，不会脱节，只要有一个人能够在早上5点钟的时候起来学习，宿舍其他人就会接着起来；只要有一个人开始冲刺，整个宿舍就都会进入紧张的复习状态之中。他们不会在期末考试马上到来时才进入备战状态，而是把冲刺的时间提前，这样才会取得较好的成绩。

资源分享，“1+1+1+1>4”。“其实我们寝室做得比较好的是资源共享。”陶贤超骄傲地说，“论起寝室信息的掌握程度，很少有寝室掌握的信息会比我们的多。”寝室每位同学都有自己的接触面，有自己的社交圈，会主动了解学习、科研、竞赛和文体活动等方面的信息。寝室接触面足够广，因此学校的各类活动、竞赛和动态，寝室的每一个人都能有足够的了解。

建立寝室共享资源库，将学校以及其他各方面的重要信息加以整理并汇总，同时收集大量的学习资料，对寝室成员的学习与生活能起到至关重要的作用，从而达到“1+1+1+1>4”的效果。

撕掉标签，学霸可不是只会学习。这四位学霸小哥哥不仅拥有智慧的大脑，还懂得劳逸结合，让自己时刻保持最佳状态。运动健将李诗豪，担任篮球队主力；艺术担当陈李炜，不仅是一位萨克斯手，而且拥有突出的绘画特长，是一个文艺风学霸；游戏高阶玩家陶贤超，游戏玩得虽好，但不沉迷其中；爱好篮球和二胡的曹港生，文体两开花，多才多艺。

一生中最好的年华，他们一起走过。从奉贤校区到徐汇校区的四年间，永远的宿舍情、兄弟情，他们情同手足。因为陈李炜懂得的知识很多，所以大家有不会的题目经常会请教他，慢慢地，对他的称呼从陈李炜变成了陈老师；曹港生因为一次主持匆匆忙忙借到一件花衬衫，穿起来宛如20世纪的一位老板，慢慢地，大家对他的称呼就变成了曹老板；因为渐渐熟悉，心与心的距离一点点地拉近，慢慢地，陶贤超变成了阿超，李诗豪变成了阿豪。

一起去看电影、一起去聚餐……一生最好的年华里有彼此，有华理。

如果只有一个人变得很优秀，可能是因为他的个人能力很强；但如果一个集体变得很优秀，那一定是团队的力量。这种力量，超乎你的想象。

最后，四位同学还为学弟学妹们送上了寄语。

陶贤超：愿你的年华灿烂如花朵，望你的未来璀璨似新星。火焰不畏寒冷，光芒不惧黑夜。再回首，没有遗憾，皆是希冀。

陈李炜：你们要相信，一直以来积累的东西不会白费。只要我们不停下来，道路就会不断向前延伸，所以不要停下来！

李诗豪：不忘初心，方得始终！

曹港生：希望你们能够为自己的未来构造一个框架，规划好自己的人生方向，并为之努力。不管如何，至少得做到不让自己后悔。总之，一定要好好学习，天天向上。

人生之路，需从寂寞走向温暖。一个人可以走得很快，但是一群人可以走得很远。宿舍应该像一个温暖的家庭，让我们彼此拉紧对方的手，在华理一起迎着阳光，一路向前！

（刊载于“小花梨”微信公众号2019年6月16日）

6门满分！大奖拿到手软！小哥哥还自学了斯坦福课程！

在华理信息科学与工程学院，有一位“大神”已经拿到了“高等数学（上）”“高等数学（下）”“现代控制理论”“复变函数论”“电路”“模拟电路”6门课程的满分，大二成绩平均分达到了94.8分，目前他正在准备“收集”第7门课程的满分成绩单以召唤“神龙”。除了这些，他还获得过国际基因工程机器大赛团体金牌，中国大学生计算机设计大赛全国一等奖、二等奖，全国大学生智能互联创新大赛华东赛区二等奖，上海市大学生计算机应用能力大赛三等奖。这位“大神”

（图片来源：张斌杰[①]）

① 本图片已获得张斌杰的出版授权。

就是张斌杰。

想获得比其他人更好的成绩，就要付出比其他人更多的努力。张斌杰是这样说的，也是这样做的。大学里，他始终坚持把学业放在第一位，连续两年获得综合课程奖学金特等奖、国家奖学金以及金龙鱼奖学金，有6门课程拿到了满分，大二专业成绩排名第一。路有多远，只有心知道。作为一名信息科学与工程学院的学生，他充分利用了网络的优势，在线自学了伦敦大学开设的网页编程，斯坦福大学开设的机器学习、博弈论等多门在线课程，并且顺利拿到了在线课程的结业证书。

从华理到伦敦大学和斯坦福大学，张斌杰在学习的路上从未畏惧过困难，也正是这种对学习的热情和不轻易放弃的精神，让他在之后的实践与竞赛过程中脱颖而出。2016年8月，张斌杰参加了中国大学生计算机设计大赛，他的两组作品，即学习辅助类网站设计“化学小助手”和教学类的微课视频分别获得了全国一等奖和二等奖的好成绩。他也第一次体验到了把所学化为所用带给自己的喜悦。2017年7月，张斌杰参加了全国大学生智能互联创新大赛，这次他把目标放在了处理各大高校实验室在管理方面遇到的难题上。经过与团队的一起努力，他们解决了实验室存在的用电安全隐患，采用智能检测、在线预约、刷卡取电和取卡断电等措施，提高了用电安全性和智能化水平，最终获得了华东赛区二等奖。他也坦言，比赛时候经常会遇到有了好的想法却没有合适的方式去实现的困境，这时候就要借助前人的经验和方法并加以创新。张斌杰从一次次比赛中收获的不仅仅是经验，更是创新思维和解决问题的能力。

2017年，张斌杰加入我校“Light Harvester”团队并首次参加了国际基因工程机器大赛。这场比赛是对选手们的知识储备与心理素质的双重考验。通宵写代码对张斌杰来说已经如同家常便饭一般，短短的一周内，他们团队写了几万行的代码，完成了数量多达几十个的页面排版与设计。此外，编程需要非常严谨的逻辑，任何一点儿的疏忽都可能使程序运行受到影响，这个过程非常“烧脑”。最终，“Light Harvester”团队作为华理首支参加该竞赛的队伍，斩获金奖凯旋！首次参赛就获得金奖！

作为大家公认的“学霸”，张斌杰有一个为人所熟知的特点，即愿意帮助他人学习。在他眼中，能够帮助大家共同进步是一件很快乐的事情。最初，他的帮助对象还仅限于本班同学，但是由于效果突出，来听他讲课的人越来越多，“小老师”的称号也因此声名远扬。在大二下半学期，应同学们的邀请，张斌杰开展了一次“百人概率论大讲堂”，为生物工程学院、资源与环境工程学院、信息科学与工程学院等多个学院的学生进行考前复习辅导，场面异常火爆，座无虚席。

更让人佩服的是，大一刚进校园的张斌杰就参与了“Piclass”辅助教学系统的开发设计，相信大家对于这个刷题“神器”并不陌生。每到考试周，“Piclass”辅助教学系统的用户量就会成倍扩大。为了让大家能够更好地复习备考，张斌杰会在学习任务繁重的考试周抽出时间对“Piclass”辅助教学系统进行维护和改进，经常为了解决一个问题工作到深夜。所以说，我们每个用过这个系统的同学都应该对他好好说一声“谢谢”。

细流汇聚终成江河。勤奋好学与从不轻易放弃的精神让张斌杰取得了令人羡慕的好成绩，希望大家也能像他一样，勇敢地去克服学习路上的困难，在人生的道路上越走越远！

（刊载于“小花梨”微信公众号2018年4月29日）

就在昨天，张继科败给了2016级新一代华理人

2017年3月3日，中国乒乓球队直通选拔赛在广东深圳体育馆开打啦！在今年杜塞尔多夫世乒赛上，中国乒乓球队有了新名字——“地表最强12人”。可是不少人觉得这个名字还是谦虚了，我们的乒乓球队应该是太阳系最强！

然而，首轮比赛就是冷门频出。其中，大满贯得主张继科以1∶2败给了小将刘丁硕。赛后，各大媒体也对这一结果进行了报道和分析。但大家可能不知道的是，在首轮比赛中击败大满贯得主张继科的刘丁硕就是华理的2016级学生。刘丁硕同学在入学时，就收到了曲校长给予的殷切祝福：“先入学再拿冠军！”那时的刘丁硕就因为“颜高、球技好、性格佳”，赢得了周围同学的一致赞誉。

在昨晚的深圳体育馆，现场张继科“粉丝”的加油声不断，这对我们的19岁小将来说无疑是巨大的压力，不过刘丁硕表示，面对强大的“科科粉丝团”，自己并“不怕”。在赛后的发布会上，刘丁硕更是坦言自己没有太多

“粉丝”反而能放松心态，最终赢得比赛。“这是我第一次打直通赛，虽然有些紧张，但是也很享受比赛，刚开始进入状态很快。”刘丁硕说，“因为对手是大满贯得主，如果刚开始就让他进入状态，那么我赢下来的可能性就很小了。”

央视评论员李武军老师在赛后表示：“被许多球迷称为‘乒坛王凯’的刘丁硕，今晚面对大满贯得主张继科，敢打敢拼，并最终以2∶1获胜，成了今晚的明星。”

其实早在2015年，刘丁硕就在世界青少年乒乓球锦标赛（简称“乒乓球世青赛”）男单决赛中战胜了薛飞，获得了人生第一个世界冠军。从乒乓球世青赛回来后，刘丁硕又马不停蹄地进行了中国乒乓球国家队男队升降赛，并顺利过关，如愿进入国家一队。他说：“到了一队不代表就保险了，一队高手更多，水平更高，这意味着竞争更激烈，我只有用实际行动证明自己的能

（图片来源：刘丁硕[①]）

① 本图片已获得刘丁硕的出版授权。

力和价值，才能走得更远。”作为中国乒乓球未来的希望之星，刘丁硕的梦想是可以站到世界大赛的冠军领奖台上。“小花梨”相信，他一定能在未来的比赛中，将华理学子的风采展现出来，取得辉煌成绩，为华理争光，为国家添彩！

“乒乓文化”素来是华理特色，而我们华理的乒乓球队一直秉持着爱国爱校、为校争光的信念，在竞技场上拼搏夺金。在2016年举行的“迁安杯”第二十一届中国大学生乒乓球锦标赛中，刘丁硕就和华理代表队的运动员们一起参加了男女超级组共7个项目的角逐，并最终获得了乒乓球男子团体、女子团体以及混合双打3大项目的冠军。

“地表最强12人”的比赛还将继续，刘丁硕的下一个对手是国乒男队队长马龙。比赛过程越激烈就说明我们国家的乒乓球实力越强，让我们一起为参赛选手们加油！

（刊载于“小花梨”微信公众号2017年3月4日）

从学生到老师，他与奉贤的故事还在继续

从求学奉贤，到留校任教，刘兴在华理由“学生”变为“老师”。“奉贤校区刚被投入使用的时候，路旁的树都只比胳膊粗那么一点儿，现在都长得这么粗壮了，真好啊。”即将步入而立之年的刘兴望着窗外的小树林，不由得发出了感慨。

刘兴，2007年考入华东理工大学艺术学院，学习公共艺术设计，是第一批入驻奉贤校区的新生，曾担任学院学生会主席。2012年，他被保送本校攻读艺术学院研究生，2014年毕业留校工作，后来担任化学院2014级和2015级本科生辅导员，现任化学院团委书记。

刘兴个子不高，但腰板挺得笔直。从他的脸上，人们总能看到那抹标志性的微笑——亲切、满足。如今，刘兴虽然将入而立之年，但在“小花梨”的眼中，他始终是那个隔壁围合的学长；在奉贤校区，他始终是那个笑得灿烂的师兄——谈笑总亲和，凡事必亲为。

学生之路总情切

作为第一批踏上这片土地的学生，刘兴对奉贤校区总是怀着一份复杂的情感。他说：“毕竟是第一批嘛，总是有些好奇的，但这边的确有些偏僻，总是担心着出行不方便。”

刘兴在奉贤校区读书的时候，那里的基础设施还在建设的过程中。“当时图文信息中心依旧在建，图书馆是设在信息中心一楼的，大学生活动中心还没有完全被投入使用。”刘兴望向远处的图书馆，继续说道，“讲实话，其实我挺羡慕你们的。”

可既然身处发展之中，所看到的自然充满着希望。“头一年走在校园里的时候，大家大都是奔着学习去的，之后就渐渐有部分同学在校园内发展兴趣爱好了，学校也支持大家，给大家足够的资源。”讲到这里的时候，刘兴的语调变得有些兴奋，“现在学校有大学生活动中心，有多媒体教室等。我们经常能看到有同学在路上滑滑板，大家也有摄影社、话剧社这些社团，能好好地培养自己的兴趣，我也相信日后的华理会变得更好。”

“其实，你们别看现在奉贤校区周边的基础设施不错，当初周围的路、路灯、餐馆设施等都比较落后。”刘兴若有所思地说，“奉贤校区刚建立的时候，周边并未好好修过路，一到晚上都是黑乎乎的，周边村庄的基础建设也不尽如人意，我们只能‘苦中作乐’。”看着现在宽阔的马路、涌现的各个商铺，刘兴的脸上渐渐露出了满足的笑容。

为师之路路漫漫

从大四离开奉贤，到毕业之后回到奉贤，刘兴的身份从学生变成了老师，而奉贤校区也发生了翻天覆地的变化。因为从小就怀揣着一个教师梦，所以毕业后刘兴选择了留校任职。无意间从第一批入驻奉贤的学生成了第一批在奉贤任教的留校教师，刘兴意外地见证了奉贤校区的发展。更让人意外的是，他竟从一名艺术学院的学子，变身成为化学院的辅导员。

“当初来到化学院，在别人看来确实是有些意外，但对我而言却是一大幸事。”刘兴抚摸着下巴，细细回味着往事，“在学生时代，我有个特别要好的朋友是化学院的。记得有次我画咖啡画的时候有根铁钉掉到了画上，画色竟然变得愈来愈深，我很好奇，便去问他，大概从那个时候起我就与化学、化学院结下情缘了吧。”刘兴还和“小花梨”提到，他曾经举办过一个画展，主题便是“咖啡有‘化’说”。刘兴说：“学科交叉是经常的事，人文和自然如此，学生工作和学习生活也是如此。”

谈到担任辅导员工作的时候，刘兴显得更加兴奋了。他表示，当老师本就是自己儿时的梦想，而且从教这么多年，在校园中对他说“老师好”的学生愈来愈多，心里总是暖暖的，很舒心。“尤其是2015年送两名2014级学生参军入伍的时候，看着他们戴着大红花，整齐列队等待上车，想到他们能为国家做出贡献，我内心的自豪感也油然而生。”刘兴顿了顿，接着说道，“而且外国的一些学者来参观奉贤校区的时候，都说这是他们见过的最美的校园。我看到奉贤校区越来越漂亮，确实很开心。”讲到这里时，刘兴的语调中透露出满满的自豪感。

十年来，刘兴从头一批与奉贤打上交道的学生，成长为一位在奉贤发光发热的出色教师，同时也见证了奉贤校区的许多变化。平日里，他会和学生们聊聊天，有时也会坐在通海湖畔，将这迷人的校园风景描绘在画布上。对刘兴而言，奉贤校区像是大家一起栽下的一株树苗，在雨露滋润中茁壮成长。

谈及未来展望的时候，刘兴回答：“十年了，希望奉贤校区的树慢慢长粗吧，这里台风很大，希望这里的树都扎好根基，不惧风雨；在奉贤校区的每位同学也都能扎好自己的‘根基’，不论‘风声’‘雨声’有多大，都要学好自己的专业，为祖国、为社会做出贡献。”

（刊载于“小花梨”微信公众号2017年10月26日）

第六篇

诗 与 远 方

大学生只有适应新时代的发展要求，提升素质能力，锤炼过硬本领，才能更好地担负起时代赋予自己的历史重任。在新时代的背景下，青年学子要抢抓新机遇、应对新挑战、展现新作为。近年来，华理在增强华理学子综合素质上下功夫，努力培育时代新人，立志培养能创新、强体魄、善审美、勤劳动的社会主义建设者和接班人。

假如我们在华理相爱

电影名：假如我们在华理相爱

地　区：上海

年　份：2017

评　分：★★★★★

主　演：华东理工大学全体学生

这部电影用尽了青春偶像纯爱片的套路，或许你看了也不见得会动容。“谁说越长大就会越孤单，遇到你们有多温暖。”

假如我们在华理相爱
请让TA来见证我们的爱情
晨雾氤氲　万物低语
我们执手漫步于茵茵草坪
时光流转　人潮拥挤
我们的缘分却永驻华理

故事开始

富勒路

假如我们在华理相爱
我会带着你在梧桐小道漫步
礼物不需要最贵
用飞舞的金叶
给予你　六分浪漫

情人坡

假如我们在华理相爱
我会和你一起在情人坡上看日出日落
在深秋清冷的风中
用心为你披上
暖暖的思念
保护你　直到永远

全家

假如我们在华理相爱
在某个慵懒的早晨
我愿与你邂逅于全家
吃着最朴素的豆浆油条
看着你在一旁甜甜地有说有笑
他们说“全家就是你家”

我想以后　华理成为我们的家

通 海 湖

假如我们在华理相爱
我会带你去通海湖畔
透过轻盈飞舞的柳枝
欣赏白天鹅畅快嬉游
回首看你
点点微光点缀着你微笑的面庞
惬意美好

篮 球 场

假如我们在华理相爱
你是否愿意看一场我的篮球赛
空中划过一道优美的弧线
树荫下有你期待的眼眸
一句久等　一声关怀
是长久相伴的点滴默契

华理咖啡屋

假如我们在华理相爱
我愿将大活[①]的咖啡分享于你

① 大活，是指大学生活动中心。

奉贤日落的余晖温柔了岁月
通海湖早读的英气抚慰相思的孤寂
昏黄的灯光晕染图书馆之恋的倒影
吾心磐石　牵念唯伊
华理特调　这里等你

图文信息中心

假如我们在华理相爱
我愿将爱情记录在泛黄的书页里
淡淡的墨香夹杂着发香
此情脉脉　在这里奋斗的朝朝暮暮
英语单词四六级
托福雅思等不及
我已在佛前求了五百年
愿身旁挥毫泼墨的人
是你

校　车

假如我们在华理相爱
透过车窗
金色的阳光拂在脸上
从身后到身边
从轻瞥到凝视
在不远不近的路程中
在期望更慢的时间里

从一颗心　开往
另一颗

碧 海 金 沙

假如我们在华理相爱
我想带着你去海滩
看潮起潮落　云卷云舒
听海风习习　海浪叮咛
阳光会在我们的单车间细细闪光
愿远处海鸥也能知晓
我对你的一往情深
我走过漫长的路
留下千万脚印的痕迹
寻寻觅觅　终于与你相爱于华理
自此执手相依
世间风景不如你

（刊载于“小花梨”微信公众号2017年10月）

诗里字字都是你，原来华理的路也如诗般美丽

我想为你写首诗，我亲爱的华理。
无论林间徜徉，还是湖畔远望；
无论墨香萦绕，还是书声琅琅。
没有悠长又寂寥的雨巷；
没有盛衰荣辱十里洋场。
有的只是你，我的华理；
有的只是你，我的远方。
我们有梦，梦在脚下；
我们有诗，诗在路上。

恒人者困于时世，
敬人者困于俗礼。
恒之心贵于志坚，

爱之心贵于情切。
敬人者人亦敬之，
贤才者人恒贤之。

东有学府，
吴越之间。
江水齐汇，
南倨沪申。
震求实之声，
旦夕而必争。
大有以化起家，
同众学科之势。
南求以理制胜，
洋获里外殊名。

勤学苦练笔下事，
奋发苦读十国语。
求贤问名无惧苦，
实操振铭学海渡。
励磁躬耕无人问，
志在安邦愿无名。
明理危行方君子，
德行兼备天下济。

奋发昂扬勿忘耻，
进取不懈只为国。
乐道无时忘俗音，

勤思苦研向灯烛。
志坚不畏道路长，
远山仍惧壮士强。

秀柏久立风难撼，
慧根入心智长明。
兼学得理成英才，
爱民思国书未来。
至仁至和继绝学，
善始善终开太平。
日月光华同照耀，
新升朝阳万里扬。
体化陶冶正心德，

（图片来源：“小花梨”新媒体工作室）

育人成才桃李恩。
富学博思谈高论，
勒行正言慎考究。
左海鲲翻浪千重，
旋天鹏起风万里。
沁水来泉湖畔河，
园木自林草下泥。

新日破晓中国立，
民心所向万事毕。
圣者知行合于一，
强者所行束于己。
莘莘征夫怀靡及，
梓木成器需琢礼。

韶光不负同窗度，
华理精神传千古。

我们可以无所不想，我们可以无处不去。
像风吹向广袤的天边，
我们一路行走，一路歌唱。

我想为你写首诗，我亲爱的华理。
关于你的未来可期，
关于我们的少年正当。

（刊载于“小花梨”微信公众号2018年10月10日）

从A到Z，爱上华理的26个理由[①]

我爱你，是苏轼诗里的“不思量，自难忘”，是黄伟文长情的“余生请你指教”，是夏目漱石眼中的“今晚月色真美”，是冯唐真挚的“春水初生，春林初盛，春风十里，不如你”，是华理深情款款的26个字母。“我行过许多地方的桥，看过许多次数的云，喝过许多种类的酒”，却只喜欢这篇从A到Z的表白。

A

Admission

录取

一纸录取通知书，让你与华理结下不解之缘。

B

Building

建筑

华理数载，在阳光肆意洒落的教学楼间，在夜里灯火通明的图书馆，有

① 本文所有图片均已获得“小花梨”新媒体工作室的出版授权。

年华正好的你。

C

C_{60}

足球烯

道生C，C生C_{60}，C_{60}生华理万物。

D

Diligence

勤奋

勤奋的人，心里有星辰大海。不是景色，而是征程。

E

Energy

能量

在运动场上释放能量，挥洒汗水，我们飞扬青春。

F

Food

美食

舌尖上的华理。一碗红烧肉,勾起华理人的归属感。

G

Girls

女孩

华理女孩。落日归山,我归你。

H

History

历史

始于华东化工学院。一路走来,风雨坎坷,初心不改。

I

Innovation

创新

精致的新意与创作,是你们带给这个世界的财富。

J

Jogging

慢跑

多少个清晨,戴上耳机,路过风,路过最柔美的朝阳。

K

Knoll

情人坡

我想作诗,写雨,写夜的相思,却写不出你。

L

Laboratory

实验室

素白的实验服,蓝色的橡胶手套,缤纷的各色离子。在实验室中,我们认识科研，接近科研。

M

Military

ECUST军团

蓝天白云下，有你们矫健的身姿，你们就是在华理人心中最坚强的后盾。

N

Night

夜

通海湖畔。每一个月夜，我都想与你分享。

O

Organization

社团

和志同道合的人，做自己喜欢的事。这种感觉真的太美好。

P

Pear

小花梨

以专业态度服务华理学子，在华理，“小花梨”一直陪你。

Q

Queue

排队

喜欢和你站在一起聊天，队伍一点一点挪动，也足以让人开心。

R

Radio

华理广播台

永远记得突然听到自己喜欢的歌时，那种开心和激动，能够驱走一天的垂头丧气。

S

Staff

职工

宿管阿姨和保安师傅,每一天都在用自己的付出,让你感受到家一样的温暖。

T

Teacher

老师

三尺讲台,谆谆教诲。你们的心血与付出,我们都记在心里。

U

University Motto

校训

“勤奋求实,励志明德”,是激励,也是承诺。

V

Victory

获奖

一次获奖,是荣誉,也是改变自己的契机。

W

Weather

天气

海边的风,雨后水洗般湛蓝的天空,让人惊喜的初雪,是给华理学子最好的礼物。

X

X

未知

未知给华理人的生活带来的神秘色彩,或许也十分可爱。

Y

Youth

青春

在最美好年华,遇见最好的你们,是多么的幸运。

Z

Zero

原点

回到最开始遇见的地方,回首和你在一起的岁月,不想离开。

相遇是春风十里,原来是你。

相爱是山长水阔,最后是你。

爱上华理,并不仅是因为它的样子,更是因为和它在一起时,我的样子。

林深时见鹿,海深时见鲸,而梦醒时,有幸我能见到华理。

从A到Z,从开始到结束,我会一直陪在你身边。

（刊载于“小花梨”微信公众号2018年6月11日）

繁华背后的呢喃低语，用声音感受申城余味[①]

城市，会让我们迷茫。当我们沉浸在城市的繁华与喧嚣之中时，往往会忘记城市原本的味道，忘记城市曾在你我耳边日夜呢喃低语。

穿行在城市的大街小巷，高楼林立，灯光闪烁，商店的橱窗里翻新着各季的时装，人流如织，擦肩而过的是陌生的身影。而在这背后，上海却以它独特的魅力和文化底蕴，让你在繁忙中找到心的归宿。

上海文化是海纳百川、兼容并蓄的

① 本文所有图片均已获得“小花梨”新媒体工作室的出版授权。

海派文化，是在中国江南传统文化（吴越文化）的基础上，融合开埠后传入的欧美近现代文明而逐步形成的。

生活在上海的华理人，感受到了这座老城的种种风情。

提及上海，人们便会想起陆家嘴、黄浦江。很多人还沉浸在不夜城的灯火中，沉浸在外滩的万国建筑群中，以至于提到上海，不过是外滩、东方明珠和南京路。

上海的美，不仅仅体现在商业娱乐所带来的繁华景象；张爱玲笔下的小资烂漫、弄堂中的静谧喧嚣，乃至乡下田园的质朴素雅，都是申城不易为人所察觉的美。

于是，我们从思南公馆出发，于复兴中路与淮海中路间穿梭。老卢湾的小巷中飘出悠闲典雅的气息，阳光打在路旁的法国梧桐树上，透过层层树叶点缀在路旁。从韬奋纪念馆到梅兰芳纪念馆，再到上海市作家协会，我们能感受到民国时期出版家的新闻情怀，听见大师级的戏剧余韵，看见巴金先生

怀揣《收获》向我们挥着手……

我们再北上杨浦、虹口，从五角场一路向东。昔日三五层楼隔空架衣的景象已很少见，但一条条窄巷却为我们留下了老弄堂的味道。黄昏过后，天色未暗，举一支“光明牌”盐水棒冰，穿梭在弄堂中。道口的路阶上，几个老奶奶坐在小板凳上，摇着竹扇拉着家常。若是你有幸坐下成为其中的一员，老奶奶定会迫不及待地开始与你闲聊：“囡囡啊，后生啊，真额是老有出息了！”

杨树浦路，一条约有150岁高龄的马路，因通向杨树浦而得名。杨树浦路以北是成片的老式居民建筑——大多是两层住宅，以旧式里弄和大量棚户区为主。不远处就是高楼林立的上海外滩、陆家嘴，站在这里，仿佛穿梭了时光，于过去、现在、未来间任意穿梭。这就是时代的神奇之处，让这种“格格不入”融化在深厚的历史底蕴里。

有一种空间，它低调、奢华，骨子里透露出浓浓的文人趣味。

有一种气质，它自由、开放，处处显露着海纳百川的胸怀。

这就是老上海的精神，在怀旧风盛行的今天，它被定义成一种风格，代表了经典与复古。

在下一个路口，我们又能闻到申城怎样的余味呢？

（刊载于“小花梨”微信公众号2018年11月17日）

穿越啦！快来看看那时的你！[1]

在步入大学的时候，我们总会在心里许下好多好多的愿望，希望能在人生最美好的年纪里，将它们一一实现。

“我要拿国奖！”

“我要保研！”

“我要出国！”

如果给你一个机会，去遇见四年前的那个自己，你会对他或她说些什么？

你是否已成为多年前心中最理想的自己？你是否已准备好，去遇见多年前的那个自己？

PART 1

教学楼

如果给你一次机会，你会对他或她说些什么？

“别错过清晨的‘早八’（早上八点开始的课），别错过每个清晨享受阳光

---

① 本文所有图片均已获得“小花梨”新媒体工作室的出版授权。

洒在身上的机会！努力努力再努力，成为最好的自己吧！”

每个清晨，睁开惺忪双眼，匆匆洗漱，带上两三本书。

“丁零——”

踏着“早八”的铃声，偷偷溜进教室，看见这样略显迷糊又带着孩子气的自己，你都不由得笑了笑。

PART 2

图书馆

如果给你一次机会，你会对他或她说些什么？

“别走得那么匆忙，留些许时间给自己，用书充实自己，让自己变得强大起来。”

“滴——”

过去的你正刷卡走进图书馆。

这对于你来说或许是一个很熟悉的场景，寻了一本书，寻个中意的位置，用书充实一天的生活，用心感受一份难得的惬意。

PART 3

通海湖

如果给你一次机会，你会对他或她说些什么？

“人生的路有好多条，你认为是对的，那就是对的。”

PART 3

田径场

如果给你一次机会，你会对他或她说些什么？

“在最好的年纪里，做最好的自己，过最好的青春。”

“大学的四年，不需要和别人赛跑。”

“你没有领先，也没有落后，在你自己的时区里，一切的安排都很准时。”

PART 4

小卖部

如果给你一次机会,你会对他或她说些什么?

“愿你初心不变,永远快乐。”

在四年的时光里,青涩的你会变得更加稳重,未来的方向也会更加清晰。可是呀,那份对喜爱的事物的热爱,那份甜甜的笑容却始终不会被改变。

PART 5

红墙

如果给你一次机会,你会对他或她说些什么?

“在大学的这四年里,你的身边会有一群可爱的人陪伴你。你别怕,他们会牵着你的手,陪你一起度过那些艰难的时光,也会与你一起分享喜悦。这群可爱的人儿呀,你要等哦!”

PART 6

食堂

如果给你一次机会，你会对他或她说些什么？

“嗨！谢谢四年里这么努力的你，无论遇到什么都从未想过放弃自己所追求的、所热爱的你，对一切都那么仔细谨慎的你，现在的你很优秀很棒！”

“还有啊，少吃点哦，多做运动啊。”

“但是，不管怎么样，我都很喜欢你，过去四年里那么努力的你。”

PART 7

车站

如果给你一次机会，你会对他或她说些什么？

“这是我最后一次坐校车啦！”

“让我再看一次奉贤天边的粉色云霞吧！”

时光匆匆，回首看看过去的自己，心中或许是别样的感觉了。过去的自己，或是在食堂里快乐吃喝，或是在图书馆认真复习，或是在通海湖畔思考人生。无论过去的自己如何，现在的自己又是怎样的模样，希望即将毕业的你能在未来——想你所想，行你所行，爱你所爱，无问西东。

看最漂亮的景色，成为最优秀的自己。让人生重新启程吧！

（刊载于“小花梨”微信公众号2019年6月24日）

华理十二时辰，分秒都是诗意，满眼皆是欢喜[1]

十 二 时 辰

夜半者子也
鸡鸣者丑也
平旦者寅也
日出者卯也
食时者辰也
隅中者巳也
日中者午也
日昳者未也

① 本文所有图片均已获得“小花梨”新媒体工作室的出版授权。

晡时者申也
日入者酉也
黄昏者戌也
人定者亥也

十二时辰犹如十二首悠长的诗，由那远古的诗人缓缓为我们诵来。

那么，华理的十二时辰会是怎么样的呢？快来和“小花梨”一起品味华理十二时辰中那独特的韵味吧。

子

夜半：

“半夜四天开，星河烂人目。”

夜半时分，遥远的月光从通海湖上方慢慢倾下，在湖中倒映出缥缈的影子。

路灯亮了，看着前方，看着树叶被映出的橙黄色的光，看着自己的影子被越拉越长。

在深夜回寝室的路上，你或许会感觉到孤独，或许会感到疲惫，但是回到围合，你会发现有一盏灯在为你点起，有一盏灯在等你回家，抬头看，那是宿管阿姨满怀关切的目光。

丑

鸡鸣：

“困才成蝶梦，行不待鸡鸣。”

夜已深了，空气都变得安静了起来，同学们酣睡入梦乡。

可有一些人却在深夜，默默保卫着我们的安全。他们或是在值班室，或是骑着自行车在深夜的小道上，他们是黑夜中的卫士。

寅

平旦：

“平旦气偏清，境界复深窔。”

天蒙蒙亮了，伴随朝阳而起的还有她们——在食堂里准备早餐的阿姨们，笑着为同学们做好丰盛的早饭。

宿舍里，除了还在熟睡的我们，便是早早起来清扫卫生的保洁阿姨。楼道、台阶、洗手池，不知多少个清晨，那第一丝光亮洒在了阿姨们深深弯下的腰上，又在汗水中折射出光芒。

卯

日出：

“天际霞光入水中，水中天际一时红。”

清晨的第一缕阳光缓缓洒落，白日一出，浮云自开。阳光渐渐洒满了整个华理，在金色的光影中，华理是如此的静逸美好。

辰

食时：

“朝晨发兮鄢郢，食时至兮增泉。”

清晨醒来的我们，被饥饿驱使着寻觅美食，而食堂早已为我们准备好了丰盛的早餐，清晨的美食散发出袅袅的香气，吃完早餐，我们开启了“元气满满”的一天。

粥、馄饨、包子、油条等各式各样的美食令人垂涎欲滴，食指大动。

巳

隅中：

“至于衡阳，是谓隅中……”

自习时，他们安安静静；课堂上，他们全神贯注。不论是在图书馆中，还是在教室中，抓紧时间汲取知识，这是华理学子的写照。

午

日中：

“暑烦人困妆时午，午时初困人烦暑。”

日中时分，已经学习了一上午的我们现在需要及时充电了。伸个懒腰，美好的日中时分带着几分闲适，轻松惬意。

香气扑鼻的食物，舒适安逸的午觉，当然，我们也可以顺便在回宿舍的路上，通过和猫咪的互动治愈一身的疲惫。

未

日昳：

“昃，日在西方时，侧也。”

日已西移，休息过后，忙碌的下午又开始了。

日昳，有午后的阳光、温柔的清风，还有实验室里目光如炬的华理学子，他们看着化学反应一点一点地发生，成就感也随之油然而生。那些在自己岗位上的人们也毫不松懈，他们认真工作，让美好的下午变得更加充实。

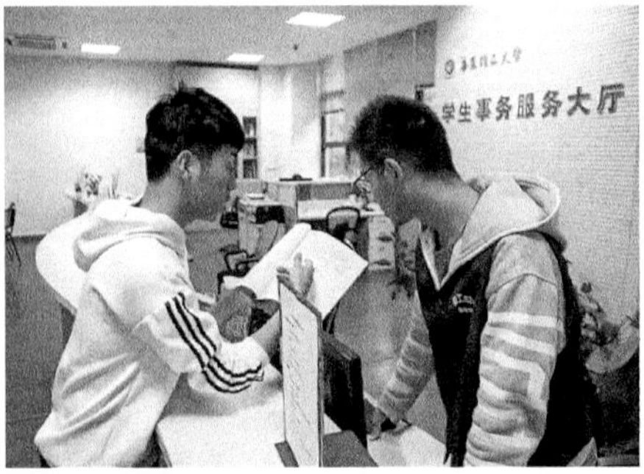

申

晡时：

“整履步青芜，荒庭日欲晡。”

晡时是最适合进行体育活动的时辰了。华理学子在运动方面也是出类拔萃的。

划龙舟，用力量和热情在通海湖上描绘出一道风景线。

武术表演，武艺超群，势如破竹，行云流水，气吞山河。

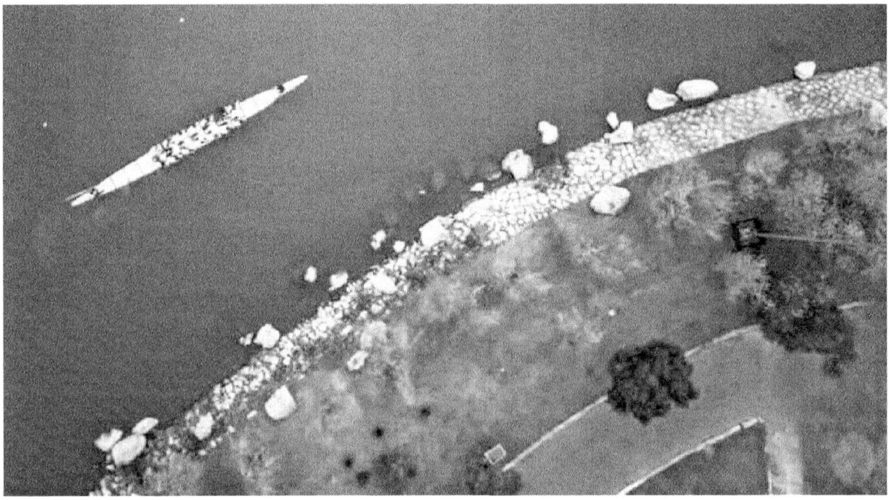

酉

日入：

“日入群动息，归鸟趋林鸣。”

结束了一天的学习和工作，晚餐过后，各类学生活动便开始了。

日入时辰，篮球场上便多了几分热闹，抢篮板、投三分，华理学子在篮球比赛中感受“速度与激情”。

探讨、研究，我们的生活不应该只有学习，还要有丰富多彩的学生活动，如此，才能让大学生活变得更加精彩。

戌

黄昏：

“月上柳梢头，人约黄昏后。”

黄昏时分，金色的余晖恋恋不舍地在教学楼上、在油菜花田中，还有静谧的通海湖上，留下了眷恋的痕迹。

变幻的光与影，交错的人与物，是黄昏最美的模样。

亥

人定：

“奄奄黄昏后，寂寂人定初。”

夜，已经很深了，这是人们停止活动、安歇睡眠的时候了。此时的校园静悄悄，只留下灯光陪伴着华理安然入睡。

一切归于沉寂，一切进入梦乡。静静地，天也沉了下来。

“时辰缘起出西周，十二地支分以筹。一日匀来恰均等，千年承继不曾休。”①

① 出自悠悠的《十二时辰诗》，“诚道国学社”公众号，2018年7月19日。

这十二时辰，或热情似火，或静谧美好。华理十二时辰，一分一秒皆是诗意。

缘起热爱，满眼皆是欢喜。

（刊载于“小花梨”微信公众号2019年7月20日）

朋友圈刷屏的雾中华理，我们选了最美的仙境照给你①

梦中的光与影

近日骤起大雾，“从风疑细雨，映日似游尘”。华理亦被笼罩在这一片朦胧之中，于雾光罅隙间向同学们展露着自己有别于常日的一面。无数华理

① 本文所有图片均已获得“小花梨”新媒体工作室的出版授权。

学子难以忘怀昨日奇妙的体验，难忘雾色霭霭中如梦似幻的校园美景。

光的诞生

易安居士曾写过：“天接云涛连晓雾，星河欲转千帆舞。”这句诗也同样适用于华理，月色朦胧中的图书馆与通海湖交换着颜色，恍若独立于世的“天空之城”，这里每天都有故事发生。

看过了清晨时图书馆的雾气氤氲，通海湖上随湖波缓缓弥散的雾气。薄雾湿笼，照这一片苍翠。

这是晨间静谧的华理，鱼肚白的天空和地面连成一片，雾色遮不住的是华理眉眼中蓄满的温柔。

影的低语

交错的灯光，如同精灵，在夜幕掩映中舞蹈。

夜的温柔

教学楼旁也是雾色茫茫，楼后的大草坪上亦是难以一眼望到尽头。上学路上的你，是否也在近日的大雾天里逡巡过呢？

来到夜晚的图书馆，浓浓的大雾也阻挡不了同学们高涨的学习热情，

反而是给这有别于常日的图书馆之行增添一抹色彩。你是否也对此深有体会呢?

你是否也穿梭在美丽的华理校园?请听,夜与雾都为你雀跃着。

晚安,这里是华理。

当夜色茫茫之时,空蒙的雾气和着月光温柔地散落于每个行走在华理校园中的学子身上,使所有黑夜里的灯光都显露出了柔和的一面。

不论是何种姿态,雾色中的华理都是这般美好,静静地展露着她的温柔。希望这样的美好,能一直留存在每一位华理人的心间。

(刊载于“小花梨”微信公众号2018年11月29日)

高考出分了,“小花梨”教你怎样指导学弟学妹填志愿!

各省份的高考分数及各批次分数线陆续出炉之时,刚经历过高考的“小鲜肉”“小鲜花”们,或许还在手忙脚乱地了解学校准备填报志愿。

“学校漂不漂亮?”“学校学习氛围好不好?”“希望学校的饭菜好吃!”“学校有没有什么好玩的活动啊?”

“小花梨”在这里为您送上一份“最全高考志愿填报指南”!

1. 三短一长选最长。

A. 清华大学　　B. 北京大学

C. 浙江大学　　D. 华东理工大学

2. 三长一短选最短。

A. 华东理工大学　　B. 北京航空航天大学

C. 南京航空航天大学　　D. 中国科学技术大学

3. 参差不齐就选C。

A. 清华大学　　B. 中国科学技术大学

C. 华东理工大学　　　　D. 北京农学院

4. 两长两短就选B。

A. 清华大学　　　　B. 华东理工大学

C. 北京大学　　　　D. 华中科技大学

下面,送上一份华东理工大学的"简历"。

基本信息

国籍:中国

中文名:华东理工大学

曾用名:华东化工学院

英文名:East China University of Science and Technology

简称:华理

英文缩写:ECUST(英文发音为['i:kʌst])

家庭住址:上海

性格:勤奋求实,励志明德

饮食习惯

"我这辈子最拿得起放不下的,就是筷子……"这条在网络上流行的"金句",不仅是对"吃货"的调侃,也是民以食为天的体现。华理的美食可以说是数不胜数,不管是食堂还是美食广场,都能满足你挑剔的味蕾。

说到美食,不得不提的就是"华理红烧肉"——这可是一道拥有百度百科词条的美食,华理红烧肉肥而不腻、瘦而不柴。在上海校园系列"十大美食"评选中,华理红烧肉荣获一等奖,是上海高校中一道很有口碑的菜肴。

家庭情况

人口:截至2020年1月,我校共有在校全日制学生约2.6万人,其中全日制研究生有9 598人(包括博士生1 832人)、全日制本科生有1.656 9万人。学校现有教职工3 100余人,其中包括教授及其他具有高级职称者1 000余人,中国科学院院士和中国工程院院士8人,欧洲科学院院士1人,国家杰出青年科学基金获得者等国家级人才100余人。

面积：学校设有徐汇校区、奉贤校区和金山科技园区三个校区，占地面积约为169万平方米，建筑面积为96万平方米。

学历情况

华理是中华人民共和国成立后第一所以化工特色闻名的高等院校，1956年被定为全国首批招收研究生的学校之一，1960年被中共中央确定为教育部直属的全国13所重点工科大学之一，1996年进入国家"211工程"重点建设行列，2000年经教育部批准建立研究生院，2008年获准建设"985优势学科创新平台"，2017年入选国家"双一流"世界一流学科建设高校。

学术水平

十余年来，华理科技工作者和研究生发表的学术论文被国际同行引用次数稳居上海高校前三名，科技成果转化率达到50%。自建校以来，华理已为国家石油、化工、医药、材料、能源和环境等工业领域培养了一大批高级人才。

学校设有20个学院，拥有72个本科专业、29个一级学科硕士学位授权点、129个二级学科硕士学位授权点、16个硕士专业学位授权点、13个一级学科博士学位授权点、83个二级学科博士学位授权点、14个博士后科研流动站、8个国家重点学科、10个上海市重点学科、7个上海高校一流学科。学位授权点覆盖了理、工、经、管、文等11个学科门类。学校拥有国家重点实验室2个、国家工程实验室1个、国家工程（技术）研究中心3个、教育部前沿科学中心1个、基金委基础科学中心1个、省部级重点科研基地29个、省部级人文社科智库（基地）5个，并建有国家大学科技园，是全国6所首批建立国家技术转移中心的高校之一。

国际声誉

在"2016年软科世界大学学术排名"中，我校进入全球400强，居内地高校第19～31名。在同样由软科发布的世界一流学科排名榜单中，我校有四门学科位列其中，在全球的排名位次分别是化学工程位列世界第35名、能源科学与工程位列世界第101～150名、环境科学与工程位列世界第301～400

名、材料科学与工程位列世界第151～200名。值得一提的是，我校在理科领域排名中位列世界第151～200名，在进入世界200强的19所中国内地大学中位列第15名；在工科领域排名中位列世界第101～150名，在进入世界200强的42所中国内地大学中位列第24名。

中国管理科学研究院“中国大学评价”课题组发布的“2017年中国一流大学名单”中，共有24所大学入围，我校位列第16名。

2018年6月发布的“路透社Top75亚洲最具创新力大学”年度榜单中，华理位居第33位，相较2017年进步十分显著，提升了10个位次。

成长经历

华东理工大学原名华东化工学院，办学历史可以追溯到创建于1896年的南洋公学和创建于1903年的震旦学院（震旦大学前身）。

▶1952年7月8日　中央人民政府教育部决定创建华东化工学院。

▶1952年8月11日　学校定名为华东化工学院，由交通大学（上海）、震旦大学（上海）、大同大学（上海）、东吴大学（苏州）、江南大学（无锡）5所高校的化工系合并而成。

▶1953年8月　华东化工学院的工业分析专修科经调整并入浙江大学化工系。同年9月，山东工学院化工系调整并入华东化工学院。

▶1954年9月　华南工学院无机物工学专业调整并入华东化工学院。至此，华东化工学院历经“七校”学科整合。

▶1965年1月　党中央、国务院决定在内地三线建设华东化工学院、北京大学、清华大学、南京大学4所重要大学分校。同年5月，我校在四川自贡动工建设华东化工学院西南分院（后称四川分院，现四川轻化工大学），代号“652工程”。

▶1972年8月　中共上海市委决定，将华东化工学院更名为上海化工学院，西南分院同时更名为上海化工学院四川分院。

▶1980年8月　教育部批准学校恢复华东化工学院原名。

▶1993年2月　经国家教育委员会批准，华东化工学院更名为华东理工

（图片来源:“小花梨”新媒体工作室）

大学。

文化活动

华理最出名的便是学风,一直以来都有“学在华理”的说法。此外,华理学子的课余生活也十分丰富!在“校园十佳歌手”大赛、社团活动、球赛、运动会等场合,都有华理学子活跃的身影。

（刊载于“小花梨”微信公众号2018年7月,本文已参照2020年华东理工大学官网发布的数据更新了部分内容）

航拍华理！银白色限量款华理校园来了！[①]

上海，终于下——雪——啦！ 2018年1月，很多同学都目睹了上海初雪的降临。上海多年难遇的大雪，遇上通海湖畔的美景，碰撞出了银白色限量款华理。

奉贤校区篇

在一层厚厚的白雪的覆盖下，原本被刷了白漆的教学楼显得格外温柔，雪过天晴，通海湖畔别有一番风情。

除了银装素裹、美不胜收的奉贤校区，徐汇校区也在这个雪天里迎来了久违的美景。

① 本文所有图片均已获得“小花梨”新媒体工作室的出版授权。

徐汇校区篇

雪后的攀登碑，别具一番壮美风貌。

“落尽琼花天不惜”，数不尽华理飞雪。纵有冰雪彻骨寒，仍有华理人忙碌奔波的身影。

花儿在雪中依然准备着开放，久违的银白色华理校园，白雪青松，熟悉的美景焕然一新。

想和你在雪天走一走，直到路两侧的树都“白了头”。

下雪后，图书馆、宿舍楼、实验教学楼等校园各处都出现了一群可爱的身影，他们便是后勤工作人员。他们忙忙碌碌，只为给大家创造更加安全便捷的出行条件。

（刊载于“小花梨”微信公众号2018年1月26日）

从紫禁城看华理竟然是这样？《延禧攻略》华理版番外来了！

魏璎珞一路从绣坊宫女“打怪升级”到皇贵妃，皇后娘娘被除去皇后尊号，后宫大大小小的事情便落到了这位刚刚当了四天的皇贵妃身上，可这被皇上宠了十年、自由散漫的璎珞又怎能习惯这些烦琐之事呢。

当初随皇上南巡之时便听闻，这东海之畔有一处极美之地——华理，人杰地灵，物产丰饶，好生有趣呢，贪玩的皇贵妃可真想亲自去瞧瞧呢！可该如何说服皇上那个“大猪蹄子”让她离开紫禁城呢？璎珞眼珠一转便想出一个好主意——联合那些“领了盒饭”和“没领盒饭”的宫里人通过微信朋友圈掀起一阵“想去华理风”！

富察·傅恒

听闻华理校友汤露拿下亚运会“女子南拳-南刀全能比赛”的金牌，臣管理着大清军机处，真想去华理感受一下那里的武术氛围，好好切磋一番。

海兰察：傅恒，带上我，带上我！华理的龙舟也是出了名的，我太感兴趣了，我要带上明玉一起去瞧瞧那龙舟赛的盛况！

明玉回复海兰察：海兰察，谁让你又擅自做主啦！我可没答应要和你一起去呢！

傅恒回复明玉：哈哈哈，你们这对欢喜冤家呀，口是心非！

璎珞：真的吗？

纯 妃

人人都说我秀外慧中，聪明得很，却不知那华理校园里有多少学子目达耳通，敏而好学，本宫比起他们来可真是才疏学浅啊！

十二阿哥：纯妃娘娘，儿臣勤奋好学，虽然在紫禁城里小有名气，可那华理学子更是十分勤奋，那图书馆、教学楼经常没有空位，人人都爱学习，更有“学在华理”的说法呢！

纯妃回复十二阿哥：十二阿哥，你去那里学习上一段时日必有利于你的未来。

璎珞：真的吗？

五阿哥

看了“舌尖上的华理”之后，我对华理的美食念念不忘，酸菜鱼、香酥鸭、蒜香排骨……还有那曾位居上海高校美食排行榜首位的华理红烧肉，更是让我垂涎三尺！

愉妃：永琪，你有额娘的风范，一样爱吃！只可惜额娘在这佛堂里出不去，你得给额娘带一些回来哦！切记！

五阿哥回复愉妃：额娘放心，儿臣一定每日快马加鞭送去一例美食给您品尝!

愉妃回复五阿哥:一例怎够?至少五例!记得要每日五例啊!

七公主:五哥,你这头像真丑呀!

璎珞:真的吗?

高贵妃

本宫想在华理的情人坡上给皇上唱一出戏,共赏那当空皓月,皇上一定会喜欢宁馨儿的!

皇上:这华理到底是个什么好地方?让你们一个个念着、想着的。

高贵妃回复皇上:是一个好地方呢!

璎珞回复皇上:皇上您就满足高贵妃吧,臣妾不打扰您,臣妾可以和傅恒大人习武。

皇上回复璎珞:你敢!

庆　妃

小十五年纪尚小,总不爱读书,那华理图书馆学风浓厚,藏书种类丰富,或许小十五会喜欢那里。对了,那儿还有许多实验楼,有趣的实验一定能让小十五从此爱上学习!

舒妃:妹妹,你可一定要让小十五把我新送的笔墨纸砚带上,我再三检查过了,没毒!

庆妃回复舒妃:姐姐的良苦用心妹妹懂,只是这华理设施齐全,应有尽有,不需要带姐姐的笔墨纸砚。

舒妃回复庆妃:好吧。那华理的住宿条件如何?要不要我让人专门建一屋给小十五住?

庆妃回复舒妃：姐姐您多虑了，这华理的宿舍楼有空调，有阳台，还有大小浴室，四人一间。

璎珞：妹妹对小十五用心了。

娴 妃

这朋友圈里刮起了“想去华理风”，本宫独居承乾宫里都明白是何人在背后搞鬼，有的人却愿意装傻。算了，本宫已经退出了这尘世的纷扰，你们去华理时别忘记本宫便好。

和亲王：淑慎，我囚于王府里也不去，陪着你不去，你一定要开开心心的。

璎珞：皇后娘娘您多言了。您这一失势可真是累惨臣妾了，臣妾日日夜夜为这后宫大小事操心，不过还好有傅恒的定颜丹，臣妾未曾苍老一分，只是心力交瘁，非常想去那众人口中的华理走一走。

娴妃回复璎珞：你！

皇上：你好像在说朕装傻，朕有吗？

娴妃回复皇上：皇上您自己心里明白。

太 后

这江南景色一直是我的最爱，哀家这一生还想去华理的通海湖畔走走，感受华理特有的风，看一看华理的美景。

璎珞：太后的愿望，大孝子皇上一定会给您实现的！

皇上：皇额娘，怎么连您也被那丫头片子给收买了？

太后回复皇上：我有吗？我没有呀！

顺嫔

臣妾在丽景轩里装疯装了这么久,其实臣妾没疯,臣妾知道错了,臣妾也要去华理啊!

舒妃:我们早知道你没疯,但那又怎样?

璎珞:想去华理啊?那就在你的丽景轩里想着吧。

袁春望

我姓爱新觉罗!我姓爱新觉罗!我也要跟着皇室去华理啊!

小全子:疯子!

珍珠:我真替珍儿不值!

尔晴:"盒饭"很好吃的,你也来一份不?

璎 珞

这宫里人人都想去华理,臣妾身为皇贵妃有管理后宫之责,本不该让这后宫人心浮躁只想着出去玩,可谁让臣妾面冷心热呢,只能帮助她们实现心愿咯,皇上,我们可否去那华理看一看呢?

皇上:哼,别以为我不知道你那小心思,你有必要大费周章让他们这样吗?你直接来告诉朕,朕还会不答应你吗?

璎珞回复皇上:是是是,皇上对臣妾最好了,可若只是臣妾一个人想去,那些宗室大臣们会如何看臣妾,还不得一个个指责臣妾无心管理后宫呀!臣妾这是为皇上考虑呢!

皇上回复璎珞:怎么说着说着还是为了朕考虑了?就你油嘴滑舌,真拿你没办法！华理就这么有吸引力，非去不可？

璎珞回复皇上：就是非去不可！

富察皇后：璎珞，你一点儿都没变，又让本宫想到了以前的自己，本宫希望你一切都好。

璎珞回复富察皇后：皇后娘娘，璎珞想您！

李 玉

传旨，明日皇上出巡华理，内务府务必做好准备，地方官员做好接驾准备！

《延禧攻略》里各位主子的朋友圈，你看明白了吗？不过，朋友圈里提到的华理美食、学风、住宿条件等还需要大家自己去实地体验啦！本文如果有不符合剧情的地方，还请大家多多包涵！

（刊载于“小花梨”微信公众号2018年9月4日）

春秋十载，专属华理人的“美味”仍在延续

高海雄师傅曾经担任华理奉贤校区第一餐饮大楼一楼的厨师长，许许多多的华理人都尝过高大厨和他的团队的手艺。2017年既是奉贤校区启用十周年，也是高海雄工作的第十个年头，可以说他见证了奉贤校区舌尖上十年的变化。

关于奉贤校区的十年

高海雄2007年就来到了奉贤校区，转眼间，十年已经过去了。高海雄说，刚来到奉贤校区时，校区还在建设之中，一切都刚刚起步。奉贤校区的食堂只有第一餐饮大楼，周边连外卖都还比较少，但是已经有了华理人熟悉的“黑街”。学生们当时比较喜欢在食堂吃饭。

随着奉贤校区周边的发展，学校外的餐饮店渐渐开了起来，外卖的种类逐渐增多，对食堂的冲击也越来越大，所以食堂的做菜师傅对自己的要求也越来越高。高海雄说，在饮食方面，不论是菜肴品种的翻新，还是口味的变换，他们都在尽力做得更好。另外，后勤方面也推出了一个美食节，并且引进了全国各地最常见的家乡菜，就是希望大家能够更喜欢学校食堂。

关于奉贤校区的餐饮

聊起奉贤校区的餐饮，高海雄满脸自豪。他说：“我们食堂的原材料都是高校配送的，所有需要加工的食材我们都会亲自制作，蔬菜都是从蔬菜基地直接送过来的，食堂的用油有严格的规定，不可能使用地沟油，所以吃的东西可以绝对放心，食品安全很有保障。不像一些外卖，虽然吃起来感觉味道很好，但是食物的卫生不能得到保障。”

从安全的角度，高海雄还是希望大家在食堂用餐。高海雄表示，食堂方面也会不断地努力去更新菜品，让大家有更新颖、更丰富的食物可以选择。

关于奉贤校区的未来

近年来，高校菜系被称为“第九大菜系”，虽然这只是网友们的调侃，但是足以看出大家对食堂菜有着一份独特的情感。在谈起未来的食堂工作时，高海雄说了很多。他说：“华理有数百名教师，上万名学生，所以餐饮工作十分重要。食堂方面会尽力把工作做好，做出更好吃的菜肴，为师生们提供最好的服务。老师和同学们每天都很劳累，如果在工作和学习之余还不能吃到可口的饭菜，就会影响到工作和学习状态。所以大家的需求，就是我们未来工作的要求。”

（图片来源：“华理小蜜蜂”微信公众号）

说起华理的食堂，除了招牌美食红烧肉，还有许许多多的美食。以高海雄为代表的大厨们也在一直精心地为大家制作每一道佳肴。第一餐饮大楼和第二餐饮大楼不仅是同学们休息、畅聊的乐土，而且见证了高师傅等人十年辛勤的劳动与付出。因为有了他们坚守在岗位上，华理学子才能更加健康茁壮地成长。

（刊载于“小花梨”微信公众号2017年11月15日）

后　　记

2019年年初，习近平总书记在人民日报社就全媒体时代和媒体融合发展举行第十二次集体学习时强调，推动媒体融合发展、建设全媒体成为我们面临的一项紧迫课题。而“小花梨”也一直在推动媒体融合发展上下功夫，求突破。

“小花梨”新媒体工作室通过整合渠道、技术创新和平台再造，推动各种媒介资源、生产要素有效整合，实现信息内容、技术应用、平台终端、管理手段共融互通，打造集采制、编辑、制作、投放于一体的“中央厨房”式工作模式和具有广泛影响力、强大竞争力的团属新媒体平台。

我们在书中看到的每一篇作品，虽然只有一两千字甚至更少，但都是“小花梨”团队精心策划、编辑、制作的，故事看似简单，却映射出华理学子对母校的热爱与感恩，为梦想付出的努力与汗水，为祖国做贡献的坚韧与执着。是每一个华理人的共同努力，为优秀新媒体产品的产出提供了优质内容和素材。

本书最终得以成型，离不开学校的大力支持，离不开各位老师和同学们的帮助与鼓励，在此一并致谢。同时，因时间、条件和能力的限制而带来的种种不足，还望诸位读者海涵并提出宝贵建议，以利后续改进提高。